本書作成関係委員会（五十音順・敬称略）

教材委員会（2003年度，2004年度）

- 委員長　吉野　博
- 幹　事　石川　孝重
- 委　員　（省略）

構造入門教材小委員会

- 主　査　平野　道勝
- 委　員　石川　孝重　　岡田　章　　鈴木　秀三　　高橋　純一　　永坂　具也　　久木　章江　　三井　宜之
  　　　　南　宏一　　望月　重

構造入門教材編集ワーキンググループ

- 主　査　石川　孝重
- 委　員　岡田　章　　高橋　純一　　久木　章江

表紙デザイン　石川　孝重

執筆委員一覧

第Ⅰ編　とにかく体験してみよう
- 1. 力を（身体で）感じよう ……………………………… 三井　宜之　高橋　純一※
- 2. かたちをつくって試してみよう ……………………… 三井　宜之　高橋　純一※

第Ⅱ編　力の性質とその効果
- 3. 力と種類とその効果 …………………………………………………………………… 石川　孝重
- 4. 力の釣合い－建物を安全に保つために ……………………………………………… 久木　章江
- 5. 建物に作用する力とその挙動 ………………………………………………………… 石川　孝重
- 6. 力によって部材はどうなるか ……………………… 南　宏一　望月　重　岡田　章※
- 7. 座屈って何？－棒材の座屈 ……………………………………… 平野　道勝　久木　章江※
- 8. 梁を曲げてみよう－単純梁のしくみ ………………………………………………… 岡田　章
- 9. ラーメンに壁が付くと－耐力壁付きラーメン ……………………………………… 石川　孝重

第Ⅲ編　形から学んでみよう
- 10. 糸を垂らしてみよう－ケーブル構造のしくみ ……………………………………… 岡田　章
- 11. ものを積み上げてみよう－アーチ構造の仕組み …………………………………… 高橋　純一
- 12. 引張り・圧縮だけで作ってみよう－トラス構造の仕組み ………………………… 高橋　純一
- 13. 膜で作ってみよう－膜構造のしくみ ………………………………………………… 岡田　章
- 14. 不安定と崩壊－建物を壊さないために ……………………………… 永坂　具也　岡田　章※

※印は原案調整担当

目　次

第Ⅰ編　とにかく体験してみよう
1. 力を（身体で）感じよう　　1
2. かたちをつくって試してみよう　　6

第Ⅱ編　力の性質とその効果
3. 力と種類とその効果　　10
4. 力の釣合い－建物を安全に保つために－　　15
5. 建物に作用する力とその挙動　　23
6. 力によって部材はどうなるか　　32
7. 座屈って何？－棒材の座屈　　42
8. 梁を曲げてみよう－単純梁のしくみ　　46
9. ラーメンに壁が付くと－耐力壁付きラーメン　　57

第Ⅲ編　形から学んでみよう
10. 糸を垂らしてみよう－ケーブル構造のしくみ　　64
11. ものを積み上げてみよう－アーチ構造のしくみ　　76
12. 引張り・圧縮だけで作ってみよう－トラス構造のしくみ　　83
13. 膜で作ってみよう－膜構造のしくみ　　88
14. 不安定と崩壊－建物を壊さないために　　100

I とにかく体験してみよう
1. 力を(身体で)感じよう

STEP 1　学習のねらい

人間(動植物を含む)は,嫌な出来事に出会ったり,外から圧力(プレッシャー)を受けると心身にストレスが生じる.小さなストレスは適度な精神的・肉体的緊張を生むが,大きなストレスは精神的不安・障害や肩こり・腰痛などの心身の機能変化を引き起こす(図1.1(a)).

一方,建物も重力・雪荷重・風圧力・地震力などの荷重・外力を受けると建物を構成している部材(柱や梁など)の中にストレス(応力)が生じる.部材のストレス(応力)も身体のストレスと同様に,外から見たり感じたりすることはできないが,大きくなると部材が変形したり破損するなどの物理的な変化が生じ,その存在を知ることができる(図1.1(b)).図1.2に,1995年兵庫県南部地震で倒壊した木造建築を示す.

このように人間の身体に生じる医学的なストレスと建物の骨組を構成する部材に生じるストレス(応力)は,ともに英語で"Stress"と表されるように,その性状および働きは実によく似ている.

そこで簡単な骨組を例にとり,骨組を構成している部材を人間の身体または身体の一部(腕とか脚)に置き換えることにより,部材の応力状態を直接身体で感じとってみよう.

(a) 身体のストレス　　　(b) 建物のストレス
図1.1　身体のストレスと建物のストレス(応力)

図1.2　地震により1階部分が倒壊した木造建築
(1995年1月17日兵庫県南部地震)

STEP 2　体験してみよう

【実験2.1】 引張り(引張応力)を感じてみよう

図2.1(a)のようなおもり(重量W)をつり下げたロープの応力状況を考えよう.

この場合,図2.1(b)のように自分の腕をロープに置き換え,手にバッグ(重量W)をぶらさげてみるとよい.腕は伸ばされ,引張りを感じるはずである.すなわち,ロープの中には引張応力が生じている.

次に,図2.2(a)のようにロープの中央におもりをつり下げた場合を考えよう.この場合,図2.2(b)のように自分と友人の腕をロープに置き換え,おも

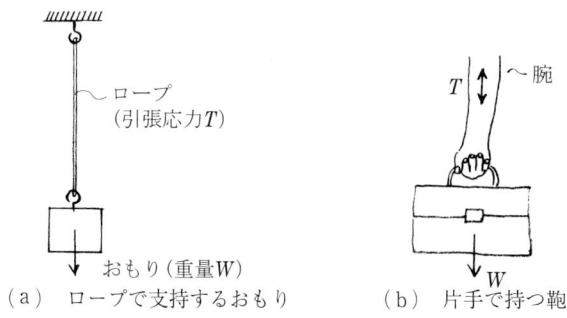

(a) ロープで支持するおもり　　(b) 片手で持つ鞄
図2.1　引張りを感じてみよう【実験2.1】

用意するもの

【実験2.1〜2.4】学生4人,段ボール箱,ロープ
【実験2.5】厚手の本1冊,鉛筆2本
【共通】分度器,カメラ,筆記用具

りをぶらさげてみるとよい．先ほどと同様に，腕は伸ばされ，引張りを感じるはずである．すなわち，ロープの中には引張応力が生じている．

両腕の間隔を広げ，腕と肩の線との角度（θ）を小さくすると腕に感じる引張りがどのように変わるか試してみよう．そしてロープの引張応力（T）は，ロープの傾斜角（α）が小さくなると，おもりの重量が同じでもどのように変化するか考えてみよう．

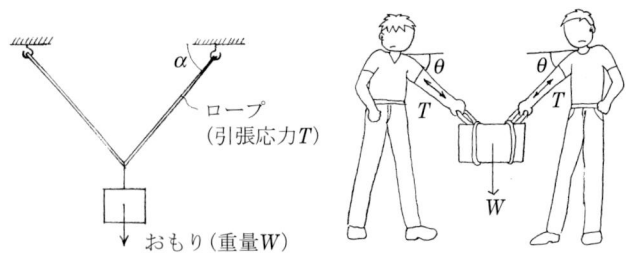

(a) ロープで支持するおもり　　　(b) 2人で持つ荷物

図2.2　引張りを感じてみよう【実験2.1】

【実験2.2】　圧縮（圧縮応力）を感じてみよう

図2.3（a）のようなおもり（重量W）を支持する柱の応力状態を考えよう．この場合，図2.3（b）のように自分の腕を柱に置き換え，手を机の上にのせて自分の体重をあずけてみるとよい．腕は押され，圧縮を感じるはずである．すなわち，柱の中に圧縮応力が生じている．

次に，図2.4（a）のように2本の棒を三角形状に組み，おもりをつり下げた場合の棒の応力状態を考えよう．2本の棒は足元がすべらないように地面に固定されているものとする．

この場合，図2.4（b）のように自分の両脚を棒に置き換え，棒と同じ角度になるように両脚の間隔を広げ，おもりを両手で持ち上げてみるとよい．脚は押され圧縮を感じるはずである．すなわち，棒の中には圧縮応力が生じている．

両脚の間隔を広げ，脚と地面との角度（θ）を小さくすると脚に感じる圧縮がどのように変わるか試してみよう．さらに，棒の圧縮応力（C）は，棒の傾斜角（α）が小さくなるとおもりの重量が同じでもどのように変化するか考えてみよう．

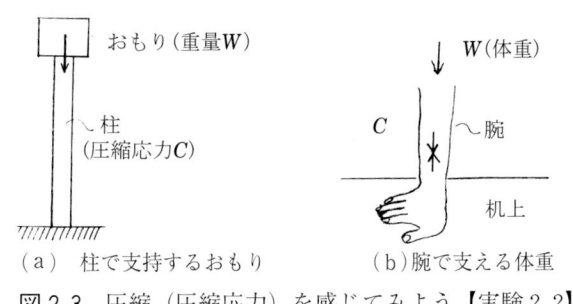

(a) 柱で支持するおもり　　　(b) 腕で支える体重

図2.3　圧縮（圧縮応力）を感じてみよう【実験2.2】

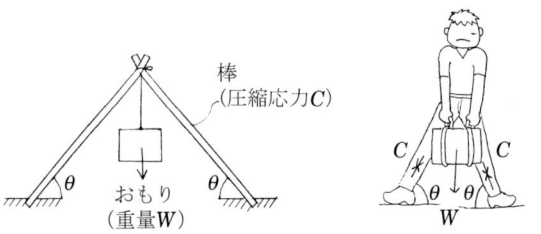

(a) 2本の棒で支えるおもり　　　(b) 足で支えるおもり

図2.4　圧縮（圧縮応力）を感じてみよう【実験2.2】

【実験2.3】　引張りと圧縮（引張応力と圧縮応力）を同時に感じてみよう

図2.5（a）のように2本の棒を三角形状に組み，先端におもりをつり下げた場合の棒の応力状態を考えよう．2本の棒は，足元がずれたり，外れたりしないように壁に取り付けられているものとする．

この場合，図2.5（b）のように自分と友人の両腕を水平な棒（水平材）に，両脚を斜めの棒（斜材）に置き換え，互いに体重をあずけてみるとよい．なお，バランスを崩すと危険なので，かならず背後に補助する人を配するなどの注意が必要である（図2.5（c））．

体重がおもりとなり，腕は伸ばされ引張りを感じ，脚は押され圧縮を感じるはずである．すなわち，水

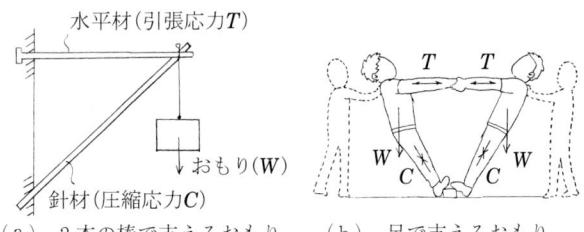

(a) 2本の棒で支えるおもり　　　(b) 足で支えるおもり

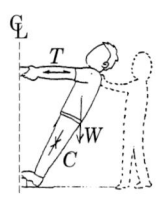

(c) 足で支えるおもり　　　(d) 実験風景

図2.5　引張りと圧縮を同時に感じてみよう【実験2.3】

平材は伸び，斜材は縮み，それぞれの材の中には引張応力と圧縮応力が生じている（図2.5 (d)）．

【実験2.4】 アーチの応力を感じてみよう

図2.6 (a)のようなアーチの応力状態を考えよう．アーチは，両端がずれたり，外れたりしないように地面に固定されているものとする．

この場合，図2.6 (b)のように自分と友人が互いに肩の上に手をかけて，互いに離れるように足をずらすと2人の身体でアーチをつくることができる．

足元がすべらないように注意しながら互いに体重をあずけ合うと，身体は押され圧縮を感じるはずである．すなわち，アーチの中には主に圧縮応力が生じている（図2.6 (c)）．

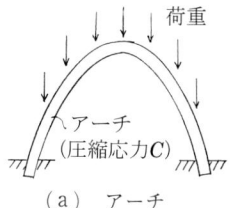
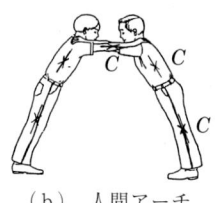

図2.6 アーチの応力を感じてみよう【実験2.4】

【実験2.5】 鉛筆を"てこ"にして本を持ち上げてみよう

"てこ"（梃子）は，重量物を動かしたり，持ち上げたりする際に支点を支えにして押し上げる木製や鉄製の棒であり，古くから使用されている．

やや厚手の本1冊と鉛筆2本を用意する．図2.7のように鉛筆の1つを横置きにして支点に用い，もう1つの鉛筆を"てこ"として使用して，"てこ"を指で押して本の一端を持ち上げてみよう．

本の下に潜り込ませる鉛筆の長さは一定にし，指で押す位置（a）を変えてみる．指の位置が支点から離れるにしたがって，本を持ち上げるのに必要な力がどのように変化するか試してみよう．

次に，指の位置を端部に固定し，支点の位置（b）を変えてみる．視点の位置が本から離れるにしたがって，本を持ち上げるために必要な力がどのように変化するか試してみよう．

以上の結果より，重量物を持ち上げるのに"てこ"をどのように使用すればよいか考えてみよう．

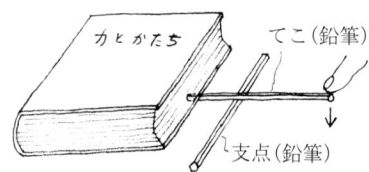
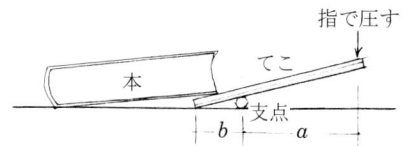

図2.7 てこによる本の持ち上げ【実験2.5】

STEP 3　ちからとかたちの理解を深めよう

建物のかたちをかたち作るうえで，利用されている力の釣合いの例をみてみよう．

例1　わが国の伝統的な木造建築である社寺建築は，深い軒の出の瓦葺き屋根に特徴がある（図3.1）．また，建物躯体への雨がかりを防ぐためにも屋根に深い軒の出が必要となる．しかし，重い瓦葺き屋根の荷重により軒先が垂れ下がるのを防ぐために，軒

図3.1 深い軒の出が特徴の五重塔

の構造に特別なくふうが必要となる．ここでも"てこ"の原理が応用されている．

図 3.2 は，深い軒の特徴である木造五重塔の軒付近の骨組詳細を示す．

軒裏に"ハネ木"と呼ぶ大断面の横架材（はり）が設けられている．重い軒荷重（図中のハネ木に作用する力）は，この材の"てこ"作用により支持されている．

すなわち，図中に示す土居桁が"てこ"の支点となり，"てこ"の内端は建物内部の四天柱に設けられたハネ木押えに支持され，建物躯体の重量を利用して跳ね上がりを押え，軒荷重を支えている．

社寺建築独特の深い軒の出には，木組にこのような仕掛けがなされている．

例2 図 3.3 は，英国スコットランドに現存する 1890 年に完成したフォース橋（図 3.4）のカンティレバー（片持梁）の原理を説明するために行われた人間カンティレバーを示す．

図中の 3 人の紳士の背後には，橋の架構図が示してある．両側の 2 人の紳士は，椅子に座り両腕を延ばし，両手に他端を椅子に固定したステッキを握っている．この 2 人の腕とステッキは，それぞれ橋のカンティレバーの上弦材（上部の材）と下弦材（下部の材）を，また 2 人の胴体は橋脚の上に建つ 2 つのタワー（主塔）を表している．

2 人の腕とステッキで構成されるカンティレバーのうち，内側のカンティレバーは中央の梁を支え，外側のカンティレバーにはバランスをとるため端部にカウンターウエイト（ここではれんが）がつり下げてある．

中央の梁に人が座り体重が載ると，両側の 2 人の腕は伸ばされ引張りを感じ，ステッキは押され圧縮を受け，そして 2 人の胴体は押され圧縮を感じるであろう．

すなわち，橋のカンティレバーの上弦材と下弦材の中にはそれぞれ引張応力と圧縮応力が，またタワーの鉛直部材の中には圧縮応力が生じている．

なお，中央に座っている紳士は，カイチ・ワタナベという名前の日本人留学生で，このカンティレバー構造システムの発案者といわれている．

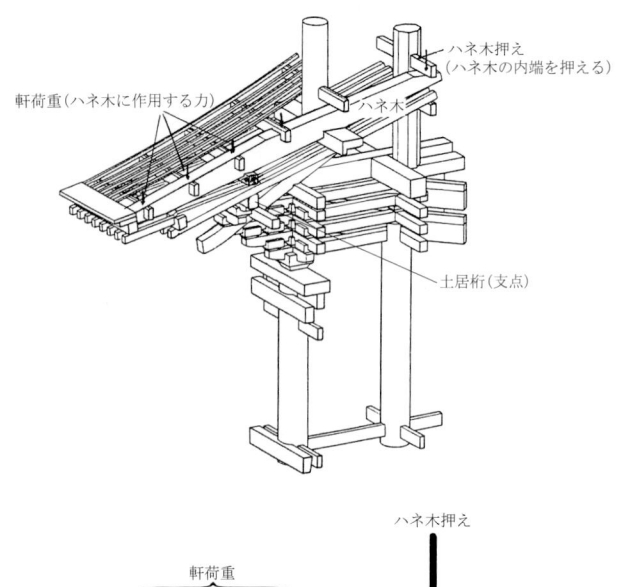

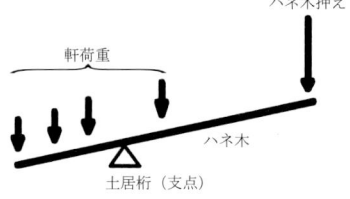

図 3.2 五重塔の軒骨組

図 3.3 人間カンティレバー

図 3.4 フォース橋（1890）

注意 身体を使う実験を行う際には，足元がすべるなどバランスを崩すと危険なので，必ず補助する人を配置してから始める．また，足首などは事前に十分に伸ばしておくなどのウォーミングアップを励行する．

なお，フォース橋の人間カンティレバーのようなパフォーマンスは，学園祭などのアトラクションとして使えるのでさまざまなくふうをしてみよう．

一口メモ

ストレス（Stress）という術語は，心身のストレスのように医学におけるストレスが一般的に知られており，部材の応力のような工学におけるストレスは技術者の間で使用されるのみで一般的に知られていない．

しかし，応力という考え方は，1822年にフランスの有名な数学者コーシー（A. Cauchy）により発表され，以後今日まで工学をはじめとするさまざまな分野で使用されている．一方，医学におけるストレスは，1936年にカナダのセリエ（H. Selye）という学者によりストレス学説として提唱されたものである．ストレスという術語のルーツは，工学のほうが医学より114年早いのである．

I とにかく体験してみよう
2. かたちをつくって試してみよう

STEP 1　学習のねらい

薄い紙切れはそのままでは自立できない．折ったり，曲げたりすると自立できるようになる（図1.1）．薄い紙切れは一端を持つと垂れ下がり，そのわずかな自重すら支えることができない．折ったり，少し上向きに曲げてやるとその自重に加えて若干の荷重を支えることができる（図1.2）．このように同じ量の紙（材料）でもどのような形であるかによって，その強さが異なることがわかる．

私たちのまわりでこのような例を探してみよう．卵の殻は薄くてもろい材料でできた自然のドームであり，丸い卵を長手方向に指で押しても簡単には壊れない（図1.3 (a)）．

ビールの缶は薄くて曲がりやすいアルミシートでできた円筒であるが，縦方向に圧しつぶすにはかなり力が必要である（図1.3 (b)）．自動車のボディは薄い鋼板を曲面にプレス加工したものであるが，人間ひとりが身体をもたせかけた程度では凹まない（図1.3 (c)）．

このほかにも薄くてもろい材料あるいは薄くて曲がりやすい材料に形をつけて，強さを得ている例を随所にみることができる．

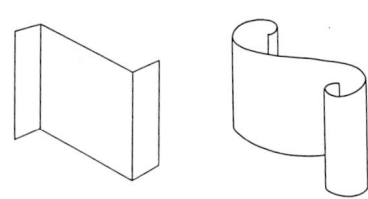

図1.1　自立する紙

図1.2　自重と荷重を支える紙の形状の違い

(a) 卵　　(b) ビール缶　　(c) 自動車

図1.3　形状による強さの違い

STEP 2　体験してみよう

【実験2.1】　紙でかたちをつくって試してみよう
　　　　　　―下が支える―

1枚の画用紙を折り曲げたり，貼り合わせたりして紙の柱を作り，どのくらいの重量を支えることができるか試してみよう．紙をていねいに丸め，若干

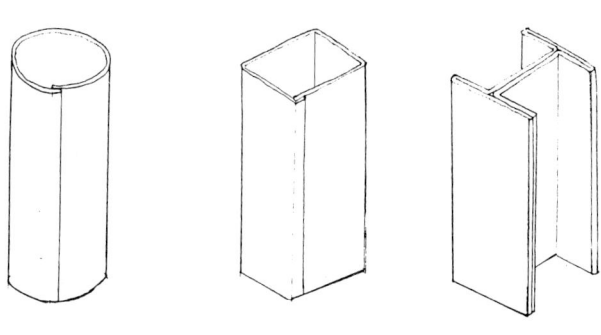

(a) 中空円断面　　(b) 中空長方形断面　　(c) I (H) 形断面

図2.1　異なる断面形状の紙の柱

用意するもの

【実験2.1】
　軟質画用紙（B4判1枚／1作品），両面粘着テープ（1巻），本（40冊程度）

【実験2.2】
　軟質画用紙（B4判1枚／1作品），両面粘着テープ（1巻），本（10冊程度），載荷用台（木製板A4判程度の大きさ），ひも（適量），プラスチック板（ひもの食い込み防止に使用），支持台用角材（90mm×90mm×200mm 6個，2個の机の代用も可）

【実験3】
　ケント紙（B4判1枚，折板模型に使用），本（4冊程度），スチレンボード（厚さ6mm，バットレスと台座の製作に使用），ウレタンフォーム（厚さ10mm，荷重を載荷する際のスペーサーとして使用），接着剤（バットレスの台座への接着に使用）

【共通】
　カッターナイフ，カッティングマット，定規，カメラ，筆記用具

ののり代をとり両端を接着すると円形の中空断面の柱ができる（図2.1 (a)）．また，図2.1 (b) のように紙を直角に折り曲げ，両端を接着すれば長方形の中空断面の柱となる．

少し手の込んだ複雑な作業を必要とするが，図2.1 (c) のように紙を"一筆描き"状に折り曲げ，貼り合わせるとI（H）形断面の柱を作ることができる．でき上がった紙の柱を鉛直に立て，手のひらで押してみると，柱がある程度の圧縮荷重を支えることが実感できる．

次に，円形と正方形の中空断面柱について，どのくらいの荷重を支えることができるか試してみよう．荷重（おもり）として硬めの表紙の付いた本を使用し，重量はあらかじめ重量計で量っておくことにする（図2.2）．

柱は堅固な机や作業台の上に鉛直に立て，できるだけ真直ぐに立つように気を付ける．最初に載せるおもりが偏らないように注意する．おもりを増すときは衝撃を与えないように静かに載せることが大切である．おもりの載せ方のじょうず，へたで，荷重の大きさはかなり異なるが，薄い紙でできた中空断面の柱が想像以上に強いことに驚くであろう．

【実験2.2】　紙でかたちをつくって試してみよう
　　　　　－両端で支える－

実験2.1と同様に1枚の画用紙を折り曲げたり貼り合わせたりして，紙の模型を作製する（図2.3）．この模型を横にし，両端を支持台の上に載せた状態で，どのくらいの荷重（おもり）を載せることができるか試してみよう．

紙を適当な間隔で平行に上下に折り曲げると図2.3 (a) のような折板ができる．また，図2.3 (b) のように紙を直角に折り曲げ，両端を接着すれば長方形の中空断面材ができる．できた折板および中空断面材の両端部を支持台上に載せ，手で押してみるとある程度の荷重を支えることが実感できる．

次に，長方形の中空断面材について，どのくらいの荷重を載せることができるか試してみよう（図2.4）．荷重（おもり）には実験2.1と同様に本を使用し，重量はあらかじめ重量計で量っておく．おもりを載せる木の台を用意し，ひもにより材の中央にぶらさげる．おもりを載せたときひもが材に食い込まないようにひもがあたる部分にはプラスチック板をあてておくとよい（図2.4）．柱の場合と同様に，最初に載せるおもりが偏らないように注意する．お

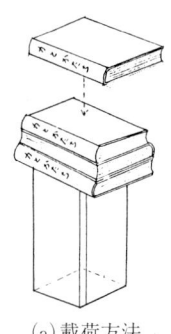

(a) 載荷方法　　　　　(b) 実験風景

図2.2　下から支える【実験2.1】

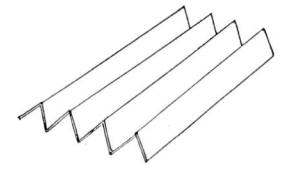
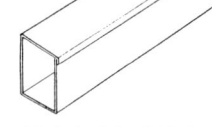

(a) 折板　　　　　(b) 中空長方形断面

図2.3　紙の模型

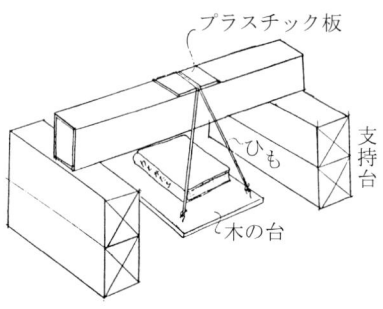

(a) 載荷方法

(b) 実験風景

図2.4　両端で支える【実験2.2】

もりを増すときは衝撃を与えないように静かに載せることが大切である．

長方形断面材を縦にした場合と横にした場合の両方を試してみると，断面の違いによる強さの違いを知ることができる．

STEP 3　ちからとかたちの理解を深めよう

【実験3】　折ると強くなる－折板の制作－

薄い紙切れは一端を持つと垂れ下がり，そのわずかな自重すら支えることができないが，折ったり曲げたりするとその自重に加えて若干の荷重を支えることができることを学んだ．ここでは，図3.1に示すように，1枚の紙から作製できる折板模型を考えよう．

模型制作の概要

折板の折り方の概要を図3.2に示す．
（1）図3.2に与えられた寸法に従ってケント紙に作図する．
（2）一点鎖線を谷に，実線を山に折る．すなわち，紙の長辺に対して平行に走る線を谷に，斜めに走る線を山に折る．折る際の注意として作図した線を正確にたどる．また，角が鋭くなるように力を入れて折る．折る前に作図した線に沿って，シャープペンの先またはカッター等できずを付けておくと折りやすくなる．カッターできずを付ける場合，下まで切り落とさないように注意する．
（3）折り畳むとアコーディオン状の折板模型ができあがる（図3.1）．

実験の概要　図3.3に示すように，折板模型をスチレンボードの台座に載せる．台座の両サイドについている2段重ねのスチレンボードは，折板が荷重を受けたとき，外側に必要以上に広がるのを防ぐためである（バットレスと呼ぶ）．折板の上にウレタンフォームを載せる．これは本（荷重）を載せたとき，折板の頂点だけでなく比較的全体に荷重が加わるようにするためである．静かに本（荷重）を載せる．

実験結果　図3.4に示すように，本2冊まで耐え，3冊目でつぶれた．
〈制作上の注意〉ケント紙を折るのは予想以上に力が必要である．したがって，折板の制作には結構時間がかかるのを見込んでおく必要がある．

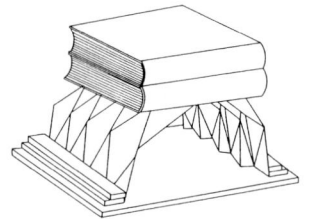

図3.1　折板模型【実験3】

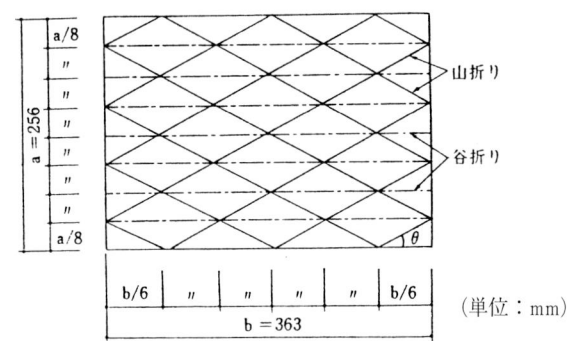

（実線：山折り，一点鎖線：谷折り）

図3.2　折板模型の寸法と折り方

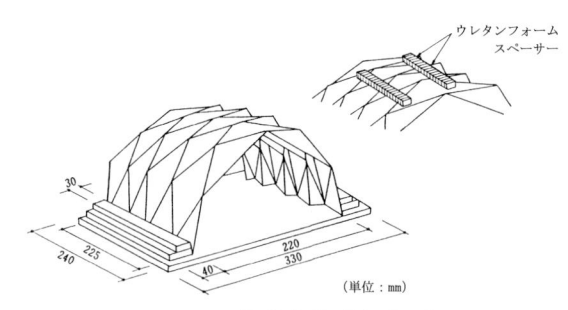

図3.3　載荷方法【実験3】

図3.4　実験風景【実験3】

建物への適用例

　折板構造の実例として，図 3.5 に群馬音楽センター（設計：アントニン・レーモンド，構造：岡本剛，1961）を示す．

　図 1.2 に示した形状を示す．マドリッドのサルスエラ競馬場（構造：エドワード・トロハ，1935）を図 3.6 に示す．これはシェル構造であるが，形態抵抗構造の典型であるといえる．これらの建築物は構造的のみならず，建築的にも優れたものと評価されている．

図 3.5　群馬音楽センター

図 3.6　マドリッドの競馬場

Ⅱ 力の性質とその効果
3. 力の種類とその効果

STEP 1　学習のねらい

私たちの身の回りには，いくつかの力を感じる現象がある．

図 1.1 のように，「重そう」「壊れそう」「押されているな」「引っ張られているな」「曲がっているな」などと感じる場面はたくさんあるだろう．

ここでは，自分たちの体や身の回りのものを使いながら，さまざまな力の種類を実感してみよう．それをとおして，それぞれの力の効果について考えてみよう．

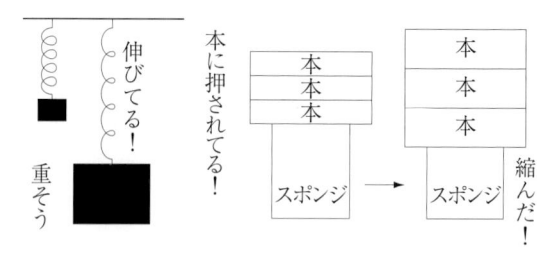

図 1.1　いろいろな力を感じる場面

STEP 2　実験してみよう

力がある方向に組み合わさって働くと，方向性の違いによって次の 3 種類に分けることができる．

【実験 2.1】　軸方向力の実験
① 図 2.1 のように左右の手のひらを合わせて押し合うと，お互いの手のひらの間にどのような力を感じるだろうか？
② では逆に，お互いの手のひらを合わせて，引っ張ってみよう．どのような力を感じるだろうか？
何の抵抗もなく，手のひらは離れてしまうだろう．
③ 今度は，手の指を組んでみよう．こうやって両方の手を引っ張ってみると，どのような力を感じるだろうか？

【実験 2.2】　せん断力の実験
① 次に，図 2.2 のように両方の手のひらを合わせて，左の腕を下に下げてみよう．手のひらの間にはどのような力を感じただろうか？
② 逆に，右の腕を下げてみよう．今度はどのような力を感じただろうか？

【実験 2.3】　曲げの力の実験
① 今度は定規を取り出してみよう．定規にも，これまでみたような軸方向力，せん断力をかけてみることができる．
② 次に，図 2.3 のように定規の両端を持って凸型に曲げてみよう．手首を回転させて曲げると定規は大きく曲がる．このとき，どんな変化がおこっているだろうか？　定規の上の面と下の面の変形の違いに特に注目してみよう．

図 2.1　軸方向力の実験

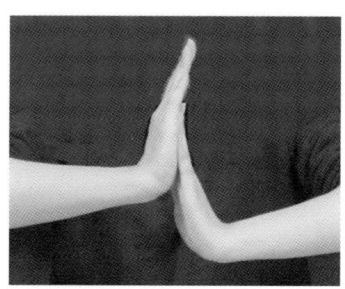

図 2.2　せん断力の実験

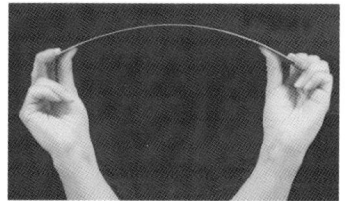

図 2.3　曲げの力の実験

③ 逆に，定規を凹型に曲げてみよう．今度は，手首を逆側に回転させる必要がある．やはり，上と下の面の変形の違いに着目してみよう．

STEP 3　実験結果を理解しよう

手のひらを合わせて押し合ったり，指を組んで引っ張ったりすると，手のひらには押される力や引っ張る力を感じただろう．この押される力は，押している方向と同じ向きに感じるはずである．

これらの力を**軸方向力**という．軸方向力は軸と同じ向きに生じる．軸方向に働き合っている力は，図3.1のように**圧縮力**と**引張力**に分けられる．押される感じが圧縮力，引っ張られる感じが引張力である．

図3.2のように，圧縮力は手のひらを合わせただけで感じることができるが，引張力は手のひらを合わせただけだと離れてしまい，感じることができない．つまり2つの材に引張力を伝えるためには，力を伝えるためにつなぎ止めることも重要なことがわかる．

また，手のひらを合わせて，右の腕や左の腕を下に下げた場合には，どのような力を感じただろうか？　両方の手のひらがすり合うような感じがあったのではないだろうか．

片方の手のひらを下に下げているということは，腕と同じ方向でなく，腕と直角方向に力をかけていることになる．

右の腕と左の腕を下に降ろした場合では，それぞれ逆の向きにすり合うような感じがあっただろう．

このように，腕と直角方向に働き合う力が**せん断力**である．せん断力には図3.3のように＋の方向の場合と－の方向の場合がある．

さて定規を曲げたときには，手にどのような力を感じただろうか．このような材を曲げる方向にかかる力は**曲げの力**である．

変化量が非常に小さいので目には見えづらいが，凸型に曲がるような曲げの力がかかっている場合，定規の上の面は引っ張られ，定規の下の面は圧縮されていると考えられる．凹型に曲がるような場合には，それと逆に下の面が引っ張られている．

曲げの力には，このような図3.4に示す**上側引張**と**下側引張**の2種類がある．

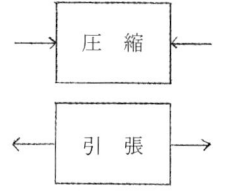

図3.1　軸方向力の向き

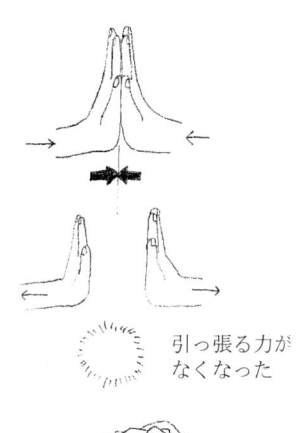

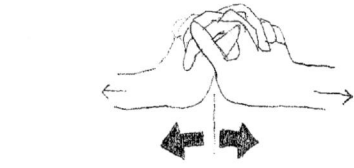

図3.2　軸方向力の感じ方

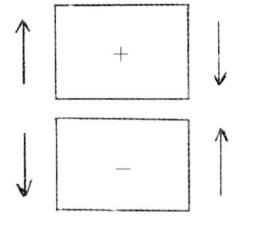

図3.3　せん断力の向き

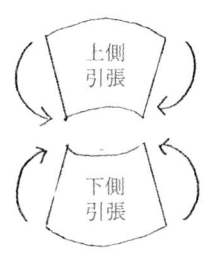

図3.4　曲げの力の向き

今度は図3.5のように定規を縦に持って，先ほどと同じように曲げてみよう．うまく曲げることができるだろうか？

たくさん力をかけても，先ほどと比べて曲がりにくいのではないだろうか．

同じ定規でも，曲げの力を加える向きが違うと，曲がりにくい場合と曲がりやすい場合があることも重要である．

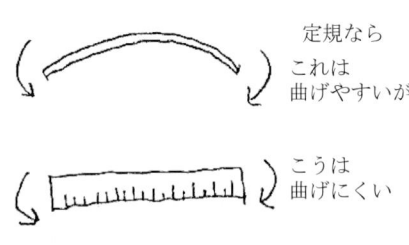

図3.5　定規の方向と曲げにくさ

STEP 4　理解を深めよう

このように力は目には見えないが，ある物体が動くときには必ず力がかかっている．図4.1のように力は作用点と大きさ，方向の3つの要素で表される．物体が動かなくても力が働き合っている場合があるが，その場合には物体に作用している力を全体としてみたとき0の効果になっている．

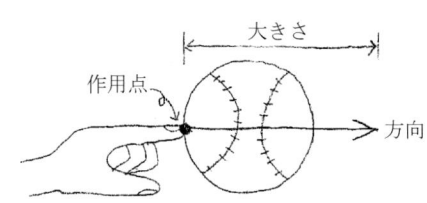

図4.1　力を表す3つの要素

結局，力は，

$$力(F) = 質量(m) \times 加速度(a) \quad (式2.1)$$

で表される．

図4.2のように，ボールを例に考えてみよう．ボールが止まっている状態では加速度は0である．

このボールを手で押すと押した方向にボールが動く．これは加速度が生じていることになる．

力が働くことで，物体は運動するだけでなく，変形する場合もある．

例えば，図4.3のように輪ゴムを引っ張ると伸びる．この変形は，次のように考えることができる．

$$力(F) = 物体ごとの係数(k) \times 変形量(x) \quad (式2.2)$$

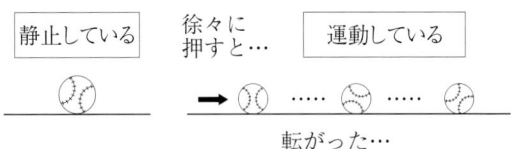

図4.2　ボールの動きと力

例えば，ばねばかりを考えてみよう．ばねばかりはばねの伸びで力を量ることができる．ばねを引っ張る力と対応して伸びが生じる．

同じ力でずっと引っ張っていると，ばねはより縮むこともより伸びることもなく，同じ伸びを保っている．このような場合にかかっている力は時間の経過で変化しない．これは**静的な力**である．

次に力を緩めたり，強くしたり，連続的に変化させてみよう．力の変化に応じて，ばねは伸びたり縮んだりする．このように時間的に変化する力は**動的な力**である．

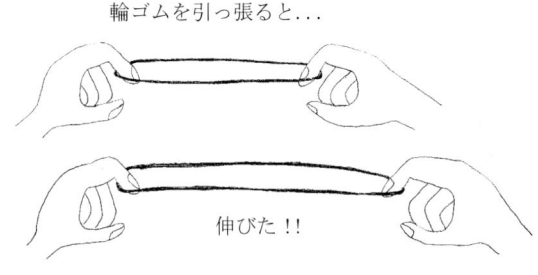

図4.3　輪ゴムの変形と力

図 4.4 のように建物にもさまざまな力が作用する．建物にかかる静的な力の代表例は，建物の中に置かれている家具などの重さによって生じる力である．

家具の重さはほぼ一定であり，常に同じ場所に置いてあれば加速度も生じない．すなわち，これらによって生じる力は静的な力として建物に作用する．

一方，建物にかかる動的な力の代表例は地震である．

地震は揺れという形となって，地盤から建物に作用する．建物に連続的に変化して作用する力は，建物の中にいる皆さん自身も大きく動かしてしまうはずである．

このように，力は目で見ることはできないが，私たちはものの動きや変形として，つねに力を見たり感じたりしているとともに，自分たちも力をかけたり，力を受けたりしている．

2 人で手を押し合った場合，2 人の力の大きさが異なると動いてしまうが，お互いの力が等しくなると静止状態になる．このように物体が静止しているためには，**力が釣り合っている**ことが重要である．

人間の重さは足を通して床に伝わるが，人間が床から落ちずに静止しているのは，図 4.5 のように床が人間の重さと同じ力で押し返しているからである．このような押し返す力を**反力**という．また作用している力と等しい力で押し返すのは，**作用と反作用**の関係とみることもできる．

では，ものに力を加えすぎるとどうなるのだろうか？

力が大きすぎた場合には，物体は壊れてしまう．これは建物も同じである．例えば，図 4.6 のようにあまりに重いものを載せすぎると床が抜けてしまう可能性がある．

物体が破壊する際には加速度が生じる．すなわち，2.1 式における加速度 a が存在する．物体には必ず質量 m があるため，物体が破壊する際には，必ず力 F が作用していることが 2.1 式よりわかる．

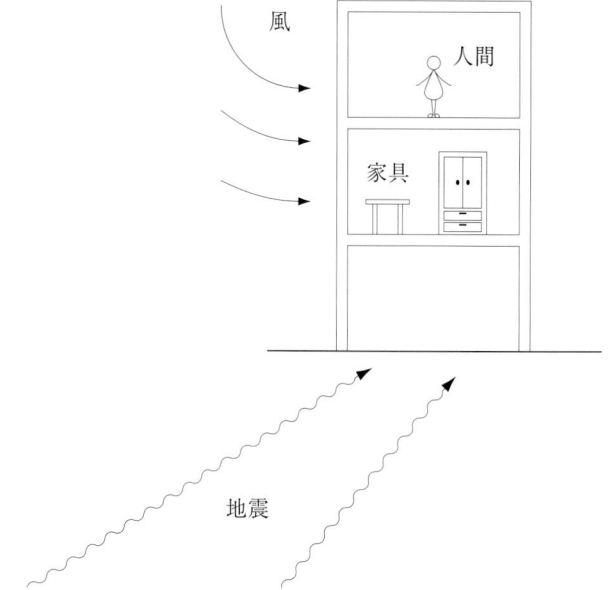

図 4.4　建物にかかる力

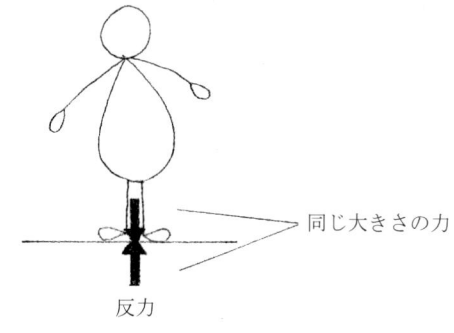

図 4.5　私たちを支える力

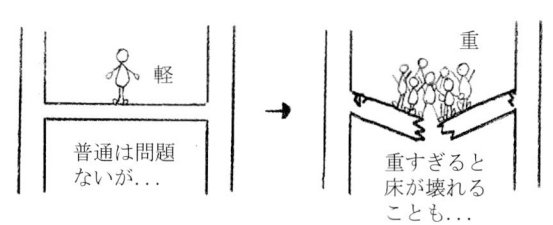

図 4.6　力の大きさと破壊

同じく，図4.7のように大きな地震によって建物が破壊されてしまうのは，地震の力が大きすぎて，建物の耐えられる大きさを超えてしまったことが原因である．

建物を設計するうえでは，その建物が受ける可能性のある「力」を想定し，これに耐えられるような「形」にする必要がある．

建物には，このようなさまざまな力に対して抵抗して，われわれの命と財産を守ることが求められている．

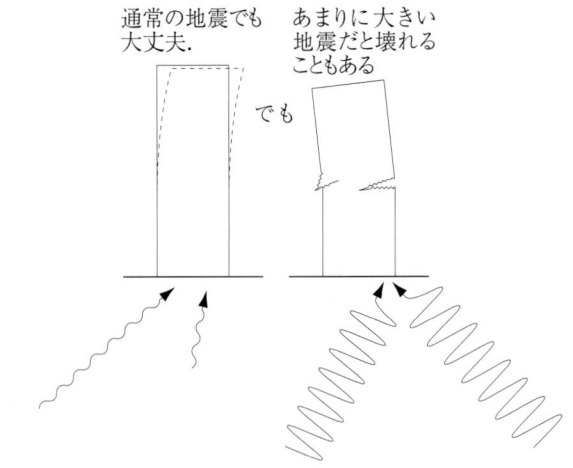

図4.7 地震の大きさと建物の崩壊

II 力の性質とその効果
4. 力の釣合い ―建物を安全に保つために―

STEP 1　学習のねらい

「建物が安全である」というのはどのような状態を表すのだろうか？　建物には各種荷重・外力が作用するが，これらの力に対して建物や地盤からの力が釣り合っている場合を「建物が安全である」という．反対に，両者の力が釣り合わなかった場合は建物に被害が生じることもあり，安全であるとはいえない．そこで，本項ではこの「力の釣合い」について学習する．

図1.1　建物が安全である状態

われわれが「力が釣り合っている」「力が釣り合っていない」と感じる場合について，身近な例で考えてみよう．

図1.2 (a) のように，綱引きをしていてお互いが思いきり引っ張り合っているのに，中央の位置がまったく動かないような状態は，物体としての綱が「静止している状態」と考えられる．物体が静止している状態は，力が釣り合っている状態である．一方，図1.2 (b) のようにどちらかの引っ張る力が強くて，中央の位置がズルズルと動いてしまうような状態は，物体が「運動している状態」であり，力が釣り合っていないことを示している．

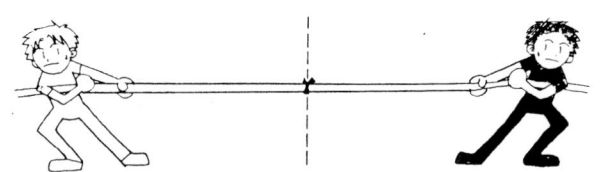

(a) 静止している（力が釣り合った）状態

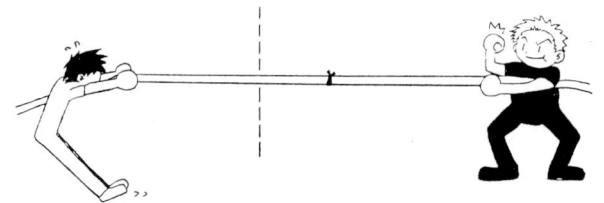

(b) 運動している（力が釣り合っていない）状態

図1.2　綱引き時の力の釣合い

この場合はある点に力が集まった状態であるが，力が平行に作用する場合はどのようになるだろうか？

ここで図1.3のようにシーソーをしている状態で考えてみよう．シーソーに乗っている人間の重さは重力方向に作用し，互いに平行力となっている．座る位置によってシーソーは回転したり，回転せずに静止して釣り合った状態になったりする．

荷重・外力の作用によって，建物の随所で力が発生する．構造物を設計する際にはこれらの力を想定

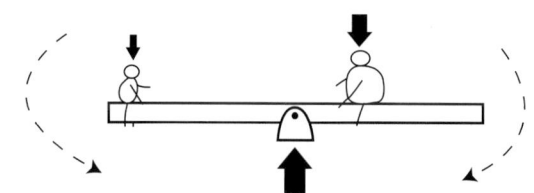

図1.3　シーソーにおける力の釣合い

用意するもの

【実験2.1，2.2】	・ばねばかり (2kgf 程度量れるもの)	3
	・糸	適量
	・金属の小さい輪	1
	・方眼紙	1
【実験2.3，2.4，4.1】	・角材 (10mm × 10mm × 900mm)	1
	・たこ糸	適量
	・おもり (300～500gf 程度)	数個
	・重さを測定したい物品	数個 (300～500gf 程度)
【実験4.2】	・厚紙	1
	・糸	適量
共通	・定規，はさみ，筆記用具	

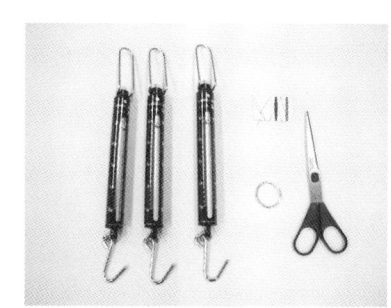

し，釣合いが保てるように部材寸法を定めるが，想定以上の荷重・外力が作用した場合や，設計ミスが発生すると，この釣合いが保たれなくなり，建物の安全が損なわれる場合もある．

STEP 2　実験してみよう

【実験2.1】　1点に集まる2つの力の釣合い
実験目的
　「綱引き」時のような2力の力の釣合いについて実際に実験で確かめてみよう．

実験手順
1) 金属の小さい輪に2つのばねばかりを引っ掛ける．
2) ばねばかりを自由方向に引っ張る．
3) 静止したときに，2つのばねばかりの目盛りが等しいことと，2つの角度が180度になることを確認する．

【実験2.2】　1点に集まる複数の力の釣合い
実験目的
　先ほどの「綱引き」時の力の釣合いを例として，1点に集まる複数の力の釣合いについて理解する．

実験手順（図2.1）
1) 力の数と同じ数の糸の片側を1つに結ぶ．
2) 糸の反対側をばねばかりに引っ掛ける．
3) 方眼紙の上でばねばかりを自由方向に引っ張り，静止したときの糸の角度を方眼紙に写し取る．また，同時に各ばねばかりの目盛りを記録する．
4) 写し取った糸の方向に，ばねばかりの目盛りの大きさと同じ比率の長さの矢印（これを力のベクトルという）を方眼紙に書き込む．

※力の数を増やした場合や角度を変えた場合など，いろいろ試してみよう．

（a）　1点に集まる3つの力

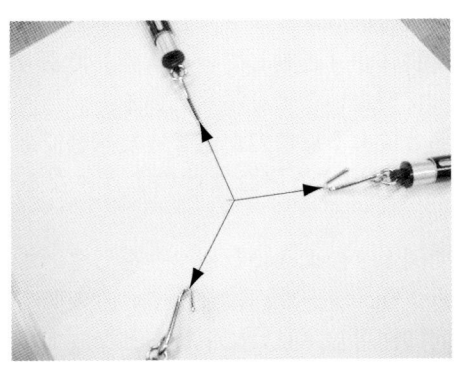

（b）　糸の方向を力の大きさと合わせて記入する
図2.1　実験2.2の様子

【実験 2.3】 平行力の釣合い

実験目的

　実験 2.1, 2.2 では 1 点に集まる力の釣合いについて学んだが，実験 2.3 では平行力の釣合いについて実験する．平行力とは力の作用方向が同じ力のことであり，これは 1 点に集まらない力である．シーソーや，やじろべえの静止状態を考えてみると，すべての物体（人間やおもり）の力は重力方向に作用する平行力であり，この平行力が釣り合った状態と考えられる．そこで，このような平行力の釣合いについて理解する．

実験手順 （図 2.2）

1) 角材の中央部にひもをつけてばねばかりにつるす．なお角材が回転する場合はひもの位置を動かして調整する．
2) このときのばねばかりの目盛りを記録する．
3) 2 種類のおもり（事前に重量を測定しておく）を角材の左右にぶら下げる．位置は自由でよい．
4) おもりをさまざまな位置につけた場合，中央部のばねばかりの目盛りがどのようになっているのか観察する．おもりの位置によって，目盛りは変化していないことを確かめよう．

　　また，ばねばかりの目盛りは，最初に記録した目盛りと，おもり量の合計値になっているだろうか？
5) 角材が静止する状態になるよう，おもりの位置を調整する．このとき，角材が傾いたり，回転しないよう気をつける．さらに角材が静止したら，そのときのおもりの位置を記録する．

※おもりの数を 2 つにした場合，つりあう位置がどのように変化するのか調べてみよう

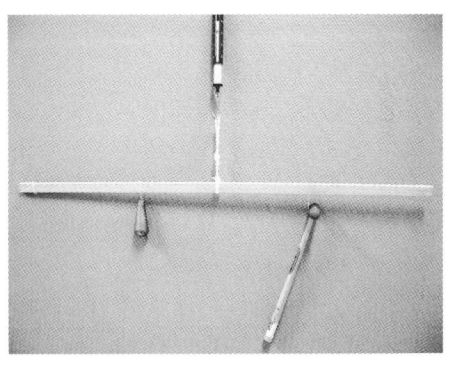

図 2.2　実験 2.3 の様子

【実験 2.4】 斜めに作用する力の釣合い

実験目的

　実験 2.3 は平行力の釣合いについて実験を行った．1 点にも集まらず，平行力でもない力の釣合いはどのようになるだろうか？

実験手順 （図 2.3）

1) 角材の中央部にひもをつけてばねばかりにつるす．なお角材が回転する場合はひもの位置を動かして調整する．

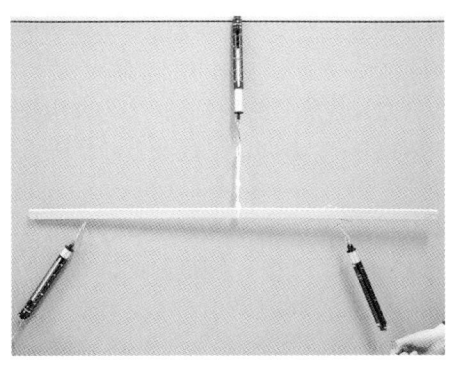

図 2.3　斜めに作用する力の釣合い

2) 次に角材の別の場所にもひもをつけて，それぞればねばかりをつるす．
3) 中央部のばねばかりを固定したうえで，2つのばねばかりを自由な方向に引っ張り，角材が平行になるところで静止させる．
4) このときのばねばかりの目盛りと引っ張った方向の角度を記録する．

STEP 3　実験結果を理解しよう

1点に作用する力が釣り合う条件

1点に作用する2つの力が釣り合う場合は，同一直線上の反対方向の力として作用した場合に静止する．このとき，2つのばねばかりの値は同じ値になり，等しい力で引っ張りあっていることが実験2.1からもわかる．しかし1点に作用する3つの力が釣り合う状態となった実験2.2の結果では，異なる方向，異なる大きさの3つの力になった．

そこでこれらの釣り合いについて力学的に解明する方法である図式解法と数式解法について説明する．

図式解法　（図3.1）

実験2.2で写し取った力の作用線をつなげてみるとどうなるだろうか？どの順につないでも力の出発点と終点が等しくなることが確認できるだろうか？

この状態を「示力図が閉じる」という．1点で力が釣り合う場合，その点の力の作用線をつなげると必ず示力図が閉じることになる．これを確認する1つの方法として図式解法がある．自分の実験結果を使って確かめてみよう．

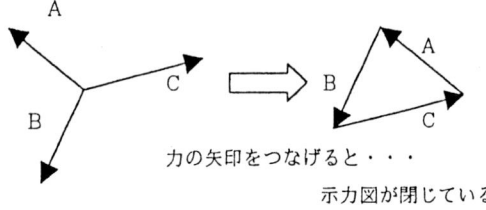

図3.1　図式解法

数式解法　（図3.2）

力は合わせたり（合力），分解したり（分力）することができる．そこで実験2.2の実験結果で得た力の作用線を，方眼紙のマス目に併せてX方向とY方向の分力に分解してみよう．力の作用線は，すべてX方向か，Y方向に平行な力に分解できただろうか？

次にX方向，Y方向それぞれの力の大きさを合計するとどのようになるか確認する．X方向の力の合計が0，Y方向の力の合計も0になることが確認できただろうか？

1点で力が釣り合う場合には力の合計が0になる．これを数式解法で確認することができる．

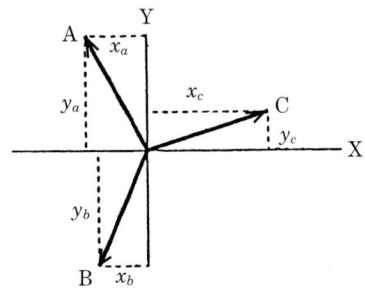

力AのX方向　$-x_a$，Y方向　y_a
力BのX方向　$-x_b$，Y方向　$-y_b$
力CのX方向　x_c，Y方向　y_c
X方向の力の合計　$(-x_a)+(-x_b)+x_c=0$
Y方向の力の合計　$y_a+(-y_b)+y_c=0$

図3.2　数式解法

なお，この数式解法を使って，実験2.4の力の釣合いについても考えてみよう．

■**平行力が釣り合う条件**（図3.3）

実験2.3で作用した力の種類はどのようなものであるか整理しよう．まず，左右のおもりの重量が，下向きの重力方向に作用していた．また，角材の重量も重力方向に作用している．さらに角材の中央部につないだばねばかりにも，はかりの目盛りと同じ力が作用していたが，これは上向き（重力方向の反対）の力であり，はかりの目盛りから角材の重量とおもりの重量の合計であったことは確認できたであろう．

左右のおもりの位置によって，回転したり，水平に静止したりするが，いずれの場合もばねばかりの目盛りは変化せず，先ほどの数式解法で釣合いを確かめると鉛直方向に作用している力の合計が0となることが確認できる．

ここでひとつ考えてみたい．力が釣り合っている状態は，物体が静止していると最初に説明した．つまり実験2.3において角材が回転運動している場合は，力が釣り合っていないと考えられる．しかし，数式解法では力が釣り合っている状態となった．これは一体どういうことなのだろうか？

実験2.3は複数の平行力が作用した場合を考えた．この平行力は，1点に集まる力の釣合いを考えた実験2.1，2.2と違い，力の作用点が複数存在している．ここにそのヒントがあるのではないか？

実は実験2.3の場合，ばねばかりをつけた中央部分を中心とした「モーメント」という回転による力（図3.4）が発生しているのである．この回転力は，中心となる支点からの距離（作用線に対する垂線の長さ）と物体の重量を乗じた値で表す．このモーメントという回転力が釣り合っていない場合も，物体が運動してしまうことになり，力が釣り合っていない状態になる．

支点からの距離×おもり重量で算定した回転の力の合計が0になったとき，材は回転しない．このような場合が，力の鉛直方向，水平方向のみでなく，モーメントも釣り合っている状態であり，力が釣り合って物体が静止している状態になる．

また，この例題の場合はばねばかりをつけた点を中心とした回転力を考えた．このような点を「力の釣合い点」という．力の釣合い点は物体の外に生じる場合もある．

図3.3　実験2.3における平行力

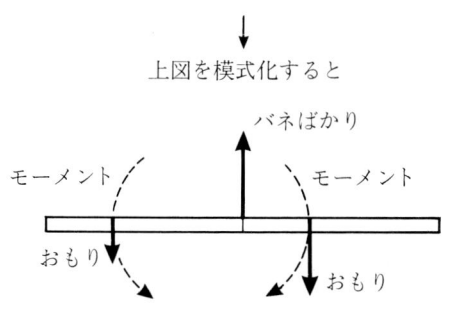

図3.4　力のモーメント

STEP 4　理解を深めよう

ここでは，STEP 2, 3 で学んだ内容の理解を深めるために，力の釣合いを応用した実験を行う．

【実験 4.1】　身近なものの重さを量ってみよう！
実験目的

通常，ものの重さを測定する場合には，はかり類を使うことが一般的である．しかし，「力の釣合い」を利用すれば，はかりを使わなくてもものの重さを測定することができる．このことを実際に確かめてみる．

実験手順　（図 4.1 参照）
1) 実験 2.3 で使用した中央にひもをつけた角材と，重量の分かるおもり，重さを測定したいものを用意する．
2) 角材の左に重量のわかっているおもりを 1 つつるし，右に重さを測定したいものをつり下げる．左右のおもりやものの位置を動かして，角材が釣り合う状態にする．
3) 角材が静止している状態になったら，支点からおもりまでの距離と，支点からものまでの距離を測定する．
4) 支点における力のモーメントを計算し，左右のモーメントが釣り合うことを利用して，ものの重さを算定する．

※測定したいものや，おもりの数を増やして試してみよう．複数のものを同時にぶら下げたときにも，力の釣合いが確かめられるだろうか？

【実験 4.2】　重心を見つけよう！
実験目的

自由な形に切られている厚紙の重心を探したいといった場合，この重心を見つけるにはどのような方法があるのか考えてみよう．また重心を中心とした力の釣合い条件がどのように成り立つのかを確認する．

実験手順　（図 4.2～4.4 参照）
1) 重心の見つけ方（その 1）
　　楊枝（ようじ）などの細い棒で厚紙を下から支え，安定する（静止する）位置を探す．
2) 重心の見つけ方（その 2）

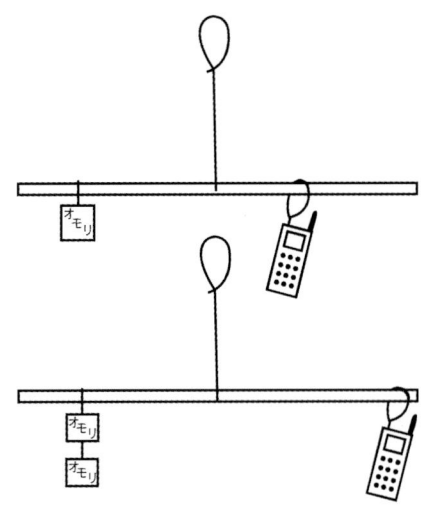

図 4.1　実験 4.1 の様子

図 4.2　重心の見つけ方（その 1）

- 厚紙の端のほうに糸をつけて，手でぶら下げ，このときの糸の方向を厚紙に書き込み，その線を延長して厚紙を横断する線を書く（LineA）．
- 別の場所で同じ作業をもう一度行い，LineB を書く．
- LineA と LineB の交点が重心 G となる．

3) 重心における力の釣合いを確かめる
- 重心 G を通る直線（重心を通る直線ならどこでもよい）で厚紙を切断する．
- 分けた2つの厚紙 P と Q について，2)の方法で，それぞれの重心 g_P，g_Q を見つける．
- 分けた厚紙 P と Q の重さを測定し，記録する．
- 切断前の状態に貼り合わせ，分けた厚紙の重心 g_P，g_Q と，切断前の重心 G との力の距離を算出する．
- この距離と，厚紙 P と Q の重量をそれぞれ乗じて力のモーメントを算出し，力の釣合いを確認する．

※実験結果から，重心とはどのような点なのかについて，考えてみよう

※いろいろな形のものの重心を求めてみよう

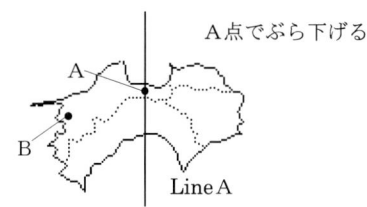
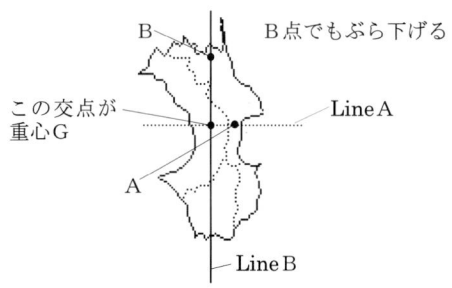

図4.3 重心の見つけ方（その2）

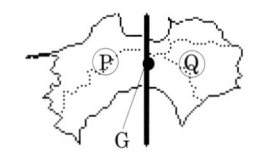
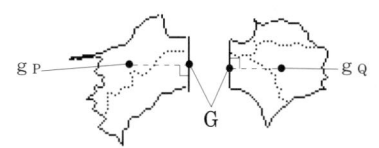

図4.4 重心による力の釣合い

---一口メモ---

力の距離について

（図4.5）

実験2.3，4.1で学んだ平行力の釣合いを考える場合，力の距離は，中心部からおもりまでの角材の長さで算出した．

実験4.2でも，厚紙の重心と分けた厚紙の重心との距離を算出するが，「距離」とはどこを指すのだろうか？

「力の距離」というのは，ある点からその力までの最小距離である．ある点から力までの垂線と考えることもできる．

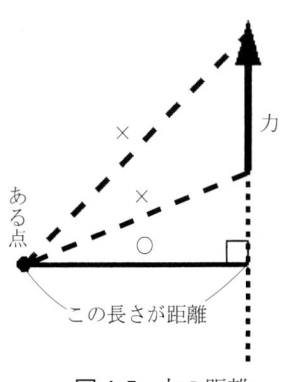

図4.5 力の距離

最後に，例題を使って「力の釣合い」について学んだ内容を整理する．図4.6のような3つの力ABCが釣り合っているかどうかは，どのように確かめればよいのだろうか？本章で学んだ内容を整理すると，力が釣り合った状態において，以下の3つの条件がすべて成立していた．

① 鉛直(Y軸)方向の力をすべて合計すると，0になる．
② 水平(X軸)方向の力をすべて合計すると，0になる．
③ ある点を中心としたモーメントの合計が0になる．

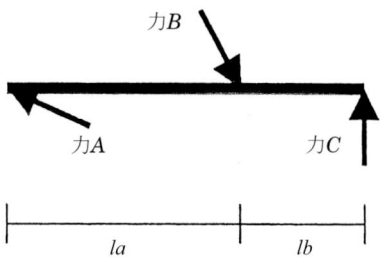

図4.6　3つの力の釣合い（例題）

これを式で表すと，$\Sigma X=0$　$\Sigma Y=0$　$\Sigma M=0$ となる．力は分力として分けることができるため，①②について考える場合には，力ABCそれぞれを，鉛直方向と水平方向の分力に分解し，それぞれで足し会わせた値が0であれば，力の大きさは釣り合っていることになる．（図4.7）

また③のモーメントについても算定する．まず，力Aが作用している点を中心として，モーメントを算定し，合計すると0になることが確認できれば，力のモーメントも釣り合っていることがわかる．これはほかのどの点を中心として計算した場合でも結果は変わらない．

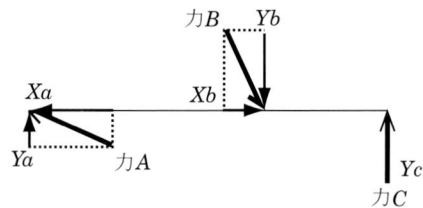

① $\Sigma X = -Xa + Xb = 0$
② $\Sigma Y = +Ya - Yb + Yc = 0$

図4.7　力の大きさの釣合いを確かめる

この例題では次のような式がたてられる．
　③-1　力Aの作用点の ΣM
　　　$Xb\times 0 + Yb\times la - Yc\times(la+lb)=0$
　③-2　力Bの作用点の ΣM
　　　$Xa\times 0 + Ya\times la - Yc\times lb=0$
　③-3　力Cの作用点の ΣM
　　　$Xa\times 0 + Yb\times lc + Xb\times 0 - Ya\times(la+lb)=0$

この①②③で表した3つの条件が釣り合っているとき，その物体（あるいは事象）が釣り合っている状態といえる．

Ⅱ 力の性質とその効果
5. 建物に作用する力とその挙動

STEP 1 学習のねらい

建物という器に対して第一に要求されるのは，人間を優しく，安全に保つことである．すなわち，安全なシェルターとしての役割が求められる．快適な空間をそのなかにつくり出していくことが，建物の役割である．

外から建物に作用する力のことを荷重あるいは外力という．どのような力・荷重が建物に作用し，それによって建物にはどのような影響があるのかについて模型で実験してみよう．またその状況を分析してみよう．

STEP 2 実験してみよう

実験の概要

3層1スパンの鉄筋コンクリートのビルを想定した建物模型を作製し，各層の柱の中間に荷重効果を読み取るキッチンスケールを置く．部材を下の階から上階に組み上げていくだけで，キッチンスケールの目盛りが増加する．これは部材そのものに重さがあるからであり，これを自重（固定荷重）と呼ぶ．そのほかとして，内部に家具や人を置いた場合の積載荷重，雪による荷重，風や地震による荷重などを作用させ，各層の柱にかかる荷重効果をキッチンスケールの目盛りから読み取る．それぞれ目盛りをデータシートに記録し，荷重と荷重効果との関係を考えてみよう．

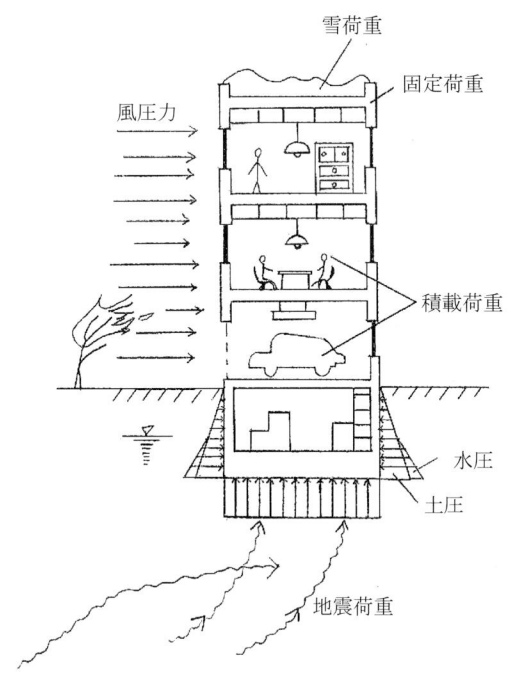

図1.1 建物に作用する力

用意するもの

- 発泡スチロール円柱：直径100mm×高さ400mm 4本→高さ130mmに切る（全部で12本）
- ブルースタイロ：900mm×900mm×厚さ30mm 4枚→3枚は760mm×760mmの大きさに切る
- スチレンボード：550mm×770mm×厚さ3mm 4枚→30mm×60mm×長さ550mmのコの字型をつくる（全部で12本）
　　　　　　　　　　　　　　　　　　　　→70mm×長さ763mmに切る（全部で4枚）
- 板おもり：釣り用などの鉛製のおもり適宜（骨組全体の重量を調整するために使う）
- 発泡スチロール板：900mm×900mm×厚さ30mm　1枚
- キッチンスケール：容量2kgf，本体重量450gf程度　12個（各層の柱の下に置くもの）
　　　　　　　　　　容量2kgfのもの　　　　　　　　1個（各部材，家具，人間などの重量を量るもの）
- 家具および人間の模型：総重量600gf程度　　　　適宜（約1/10スケール）
- 釣り用のおもり：適宜（家具・人間の模型重量を調整するために使う）
- スチレンペーパー：1000mm×750mm　1枚
- 発泡スチロール粒＋重量調整用としてスチロールペレット：約80gf
- 扇風機：3台
- スチレンのり
- 両面テープ

模型作製は3〜4人のグループで行って約3〜4時間，実験の実施は1時間程度でできる．

模型の作製

(1) 部材の準備

① 図2.1のように発泡スチロール円柱を高さ13cmに切り，各層4本×3層＝合計12本の柱をつくる．

② スチレンボードを長さ55cmに切り，幅3cmを1枚，幅6cmを2枚つくる．これらで図2.1のようなコの字型の梁をつくる．同じものを，各層4本×3層＝合計12本つくる．

③ 3枚のブルースタイロを図2.1のように76cm×76cmに切り，2階と3階の床スラブと屋根スラブをつくる．残り1枚のブルースタイロはそのまま使い，1階の床スラブとする．

④ スチレンペーパーとだいたい同じ幅に残りのスチレンボードを切り，スチレンペーパーの下端に貼り付ける．模型の高さとほぼ同じになるようにし，壁とする．

⑤ ③で切り離した小さいほうのブルースタイロ4本を7cm幅と3.5cm幅に切る．7cm幅のスタイロの中央に3.5cm幅のスタイロを垂直に貼り付けてT字型をつくる．組み合わせて，スパン60cmの井桁の形に貼り付け，布基礎とする．

⑥ 地盤となる発泡スチロールの周囲4辺に，スパン60cmになる基準線をけがいておく．

⑦ 幅7cm，長さ76.3cmに切り出したスチレンボードを4枚用意する．屋根スラブの周囲に貼りパラペットとする．

(2) 骨組の作製

① 1層分の床スラブ，梁，柱の重量を量る．図2.2のようにキッチンスケール4台分の重量と合計して，約2400〜2700gfになるよう，梁の内側に板おもりを両面テープで貼り付ける．4辺の梁を均等な重さにする．

② 床スラブの周囲4辺に，上下面ともスパン60cmになるように，基準線をけがく．これが柱と梁の中心線となる．

③ 図2.3のように床スラブの周囲4辺にけがいた線が交差した点を発泡スチロール円柱の中心に合わせて，スチレンのりで柱を床スラブに貼り付ける．

④ 図2.3のように，けがいた線を梁の幅3cmの面の中心にあわせて，スチレンのりで床スラ

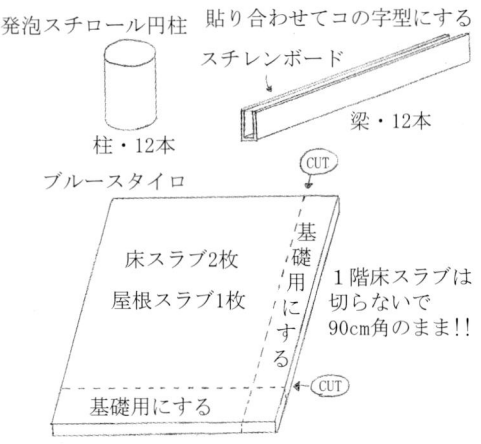

図2.1 柱・梁・スラブの作製

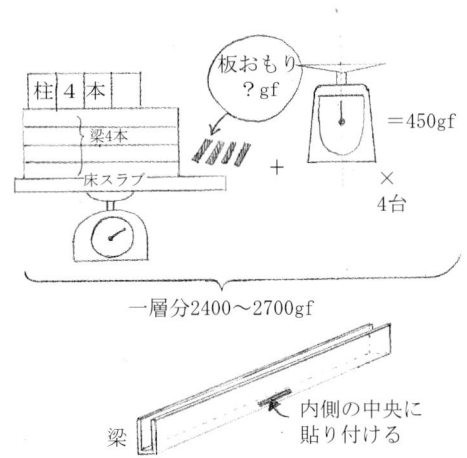

図2.2 骨組の重量の調整

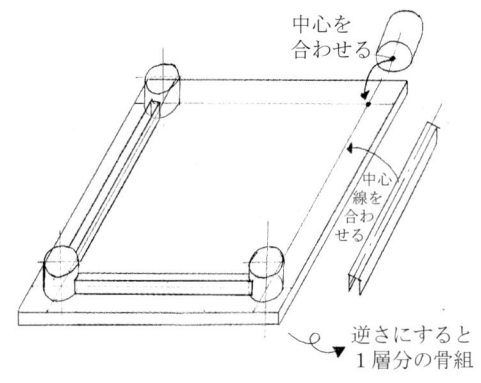

図2.3 1層分の骨組の作製

ブに梁を貼り付ける．
⑤ 同じ要領で2層，3層目の骨組を作製する．
⑥ 3層目の屋根スラブには，側面にスチレンボードを貼り付け，パラペットとする．

（3） おもりの作製
① 家具や人間の模型の重量を量る．
② 総重量が約600gfになるように，模型の引き出しの中などに釣り用のおもりや板おもりを取り付ける．家具や人間の重量を調べ，その比率に従って重さを調整しよう．

　例えば… サイドボード：人間
　　　　　約240kgf：約60kgf → 4：1

③ 粒状の発泡スチロールをスチロールペレットと適宜混ぜ合わせ，ある程度のかさをもたせて総重量を約80gfに調整する．これが雪となる．

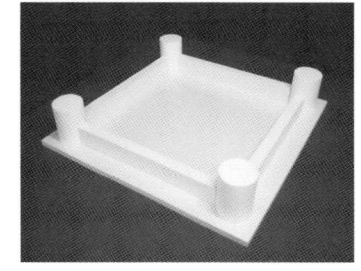

図2.4　完成した1層分の骨組（裏側）

【実験2.1】　鉛直方向にかかる力
（1） 固定荷重の影響を調べてみよう
① 最初に建物を支える地盤となる発泡スチロールを置く．
② 地盤にけがいた基準線に中心を合わせて，布基礎となるブルースタイロを両面テープで固定する．
③ 基礎の中心線と床スラブにけがいた基準線が合うように注意しながら，基礎の上にスラブをのせる．
④ 建物にかかる力を可視化するために，柱の位置にキッチンスケールを置く．図2.5のように床スラブにけがいた基準線の交点が上皿の中心と合うように注意すること．
　このキッチンスケールは柱の下半分と見なすことができる．すなわち，この柱の荷重効果を，キッチンスケールの目盛りとして見ていると思えばよい．初期状態として，4隅のキッチンスケールの目盛りを読み取り，記録する．
⑤ 図2.6のように1層分の骨組の重量を量り，記録する．キッチンスケールの上に4本の柱をのせ，2階の床スラブまで組み上げる．やはり，キッチンスケールの上皿と柱の中心が合うように注意すること．再び4隅のキッチンスケールの目盛りを読み取ってみよう．ここまでで，1層分の骨組が立ち上がった．1階の柱にかかる荷重は，どのように変化しただろうか？
　建物の部材自体による荷重を自重（**固定荷重**）という．

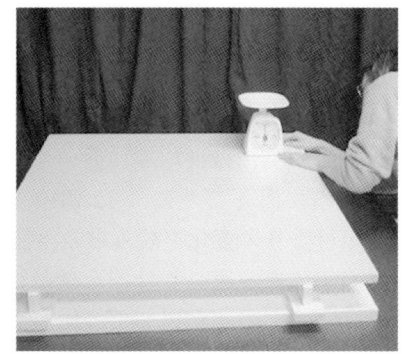

図2.5　1層目の組立

図2.6　固定荷重の計測と完成した骨組

⑥ キッチンスケールの重量を量り記録する．2階の床スラブの4隅にキッチンスケールを1つずつ置く．1階のキッチンスケールの目盛りを読み取り，記録する．
　同時に，2階のキッチンスケールの目盛りを初期状態として読み取り，記録する．

⑦ 手順⑤と同じように，先に組み立てた2階部分の骨組の重量を量り，記録する．4隅のキッチンスケールの上に骨組をのせて，1階，2階それぞれの4隅にある8つのキッチンスケールの目盛りを読み取り，記録する．

⑧ 同じ手順で3階部分を組み上げると図2.6のように骨組が完成する．12個のキッチンスケールの目盛りを読み取り，記録する．

(2) 積載荷重の影響を調べてみよう

① 生活するために必要な家具を置いてみる．図2.7のように準備した家具の模型の重量を1つずつ量り，記録する．1階から順に，2階，3階と各階の中央にほぼ均等に置いてみる．家具を1つの階に置くごとに，12個のキッチンスケールの目盛りの変化を読み取り，記録する．
　建物の中にある家具や什器を積載物という．この積載物と引力が起因して，鉛直方向の荷重として作用する．これを**積載荷重**という．

② 積載荷重の要素はほかにないだろうか？ 同じく図2.7のように人間模型の重量を量り，記録する．人間を各階に置き，12個のキッチンスケールの目盛りを記録しよう．
　私たち人間も，家具などと同様に，建物に対して積載荷重として作用することがわかる．

(3) 雪荷重の影響を調べてみよう

固定・積載荷重は人為的な原因による．鉛直方向に作用する力には自然現象の要因もある．屋根に積もる雪である．

① 図2.8のように用意した半分の雪の重量を量り，記録する．屋根の上にほぼ均等に雪を降らせる．各階の柱のキッチンスケールの目盛りを読み取り，記録する．

② 同じように残りの半分の雪の重量を量り，記録する．同じように屋根の上から均等に雪を降らし，各階のキッチンスケールの目盛りを記録する．
　このような雪による荷重を**雪荷重**という．

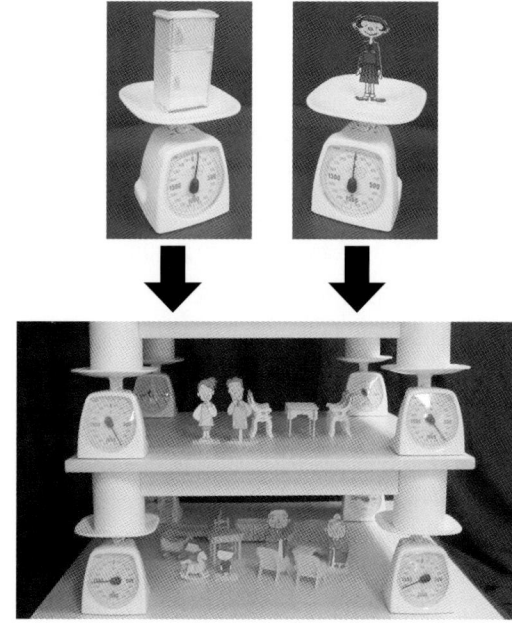

図2.7　積載荷重の計測と載荷

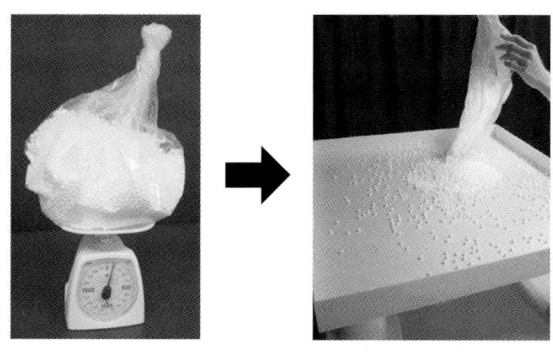

図2.8　雪荷重の計測と載荷

（4）荷重の偏在の影響を調べてみよう

ここまでは，各階の床や屋根にほぼ均等に荷重をかけてきた．しかし，実際にはそのような場合だけではない．

積載荷重を例にして，図2.9のように家具や人間を一本の柱に集め，キッチンスケールの目盛りを記録しよう．

このように荷重が偏った状態を荷重の偏在という．

図2.9　積載荷重の偏在

【実験2.2】　水平方向にかかる力

建物に作用するのは鉛直方向にかかる力だけではない．次に，水平方向に作用する力を考えてみよう．

（1）風圧力の影響を調べてみよう

① 家具と人間，雪をすべて取り除いた状態で，12個のキッチンスケールの目盛りを読み取り，記録しておく．

② 扇風機3台を，1階，2階，3階と同じ高さでスパンの中央にセットする．1つの扇風機でまず弱風を模型にあて，各階のキッチンスケールの目盛りを記録する．

③ 少しずつ風を強くしたり，複数の扇風機で同時に風を起こして，各階のキッチンスケールの目盛りを記録する．

④ 扇風機を一度止め，図2.10のようにスチレンペーパーの壁を風を受ける面に立ててみよう．これを初期状態としてキッチンスケールの目盛りを記録しておこう．

⑤ 再び，それぞれの扇風機を弱風から徐々に強くして，建物模型に風をあててみよう．風の強さとともにキッチンスケールの目盛りを記録する．

このような風による荷重を**風圧力**という．

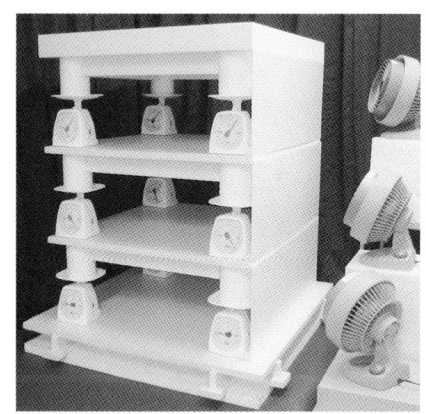

図2.10　風圧力の載荷

（2）地震荷重の影響を調べてみよう

ほかにも，地震が原因となる荷重がある．地震は，震源で発生した地殻の変動が地盤を通して波として伝わってくるものである．

① 風圧力の実験で用いた壁を外しておく．実験の進行に応じて各柱のキッチンスケールの目盛りの変化を観察できるように役割分担する．

② 図2.11のように地盤である発泡スチロール板を左右・前後に動かす．地盤の動きにつれて，キッチンスケールの目盛りはどのように変化しただろうか？　地盤の動かし方を大きくしたり，小さくしたりして観察しよう．

図2.11　地震荷重の載荷

このように，地震が発生すると建物全体に水平方向を主とした荷重が作用する．これを**地震荷重**という．

STEP 3　実験結果を理解しよう

キッチンスケールの目盛りを読み取ることで，作用した荷重と各階の柱の荷重効果を知ることができる．これらの荷重と柱の荷重効果を整理してみよう．

例えば，骨組を組み立てた際に，4本の柱の荷重効果はどのように変化しただろうか？

柱の荷重効果の変化をみると，部材を組み上げるたびに目盛りが増える．つまり，図3.1のように4本の柱は建物を構成する部材の重さを荷重として基礎に伝え支えている．

各層の柱の荷重効果を少し詳しくみてみよう．4本の柱の荷重効果を合計すると，組み上げた部材の重量とほぼ等しくなり，4本の柱の荷重効果はほぼ均等に増えていたはずである．部材の重量に偏りがない場合，4隅の柱は均等に部材の重量を支え，柱には等しい固定荷重が作用する．

また，1階の4本の柱には，1階を組み上げれば1層分の固定荷重，その上に2階の骨組を組み上げれば，2層分の固定荷重も作用する．すなわち，同じ建物の柱でも，階によって負担する荷重が違ってくる．1階の柱のほうが負担する荷重が多いことがほとんどであるため，断面積を大きくするなどのくふうが必要である．

積載荷重や図3.2に示す雪荷重も同じように荷重効果をもたらす．これらの鉛直方向にかかる荷重は，すべて引力に起因するものである．これらを総じて**鉛直荷重**という．

雪荷重にはいくつかの特徴がある．例えば，雪自体にも重さがあるため，図3.3のように雪は積もれば積もるほど重くなり，下の雪を圧縮していく．この**圧密**が原因で，積雪の深さが2倍でも荷重は2倍以上になる．

また，平たんな屋根（陸屋根）の場合には均等に積もり，屋根に傾斜をつけると，風の影響もあり，雪の積もり方に偏りが生じることがある．雪国では屋根の傾斜をきつくして，雪が自然と落下するようなくふうをすることもある．

積載荷重で実験したが，このように荷重が偏った状態を荷重の偏在という．その場合には，家具や人間を集めた側の柱の荷重効果が増え，それ以外は減っているだろう．

例えば，引っ越しのために大量の荷物を1つの部屋に

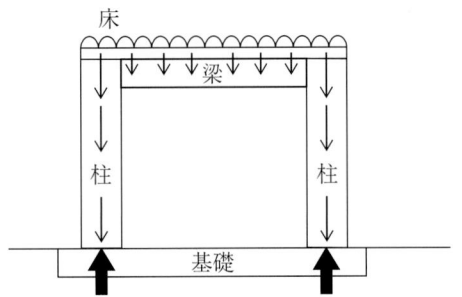

図3.1　固定荷重

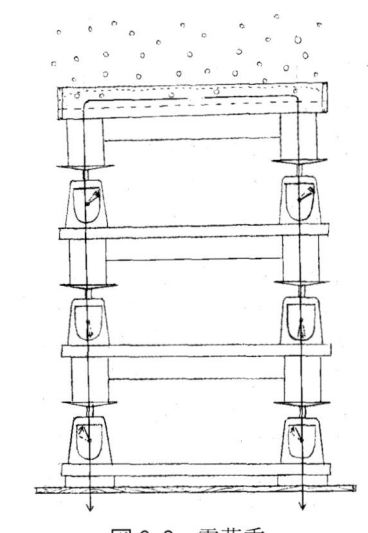

図3.2　雪荷重

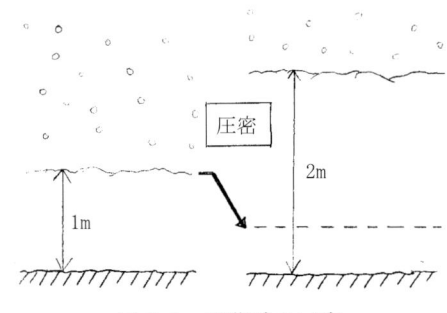

図3.3　雪荷重の圧密

置いたりするときはこのような偏りが生じる．荷重が偏在することによって，特定の柱や梁に大きな負担がかかる可能性があるため，極端な偏在は避けたほうがよい．

一方，建物に風が吹くと壁が風を受け，その力を床スラブや梁に伝える．梁や床スラブに作用した風圧力は，各階の柱をかいして基礎に伝えられる．図3.4に示すように，柱と梁の骨組だけでは風に抵抗する部分がほとんどなく，柱の荷重効果はほとんど変化しない．壁を立てると壁の面積全体で風を受け，これが風圧力の違いとなる．この見付け面積によって建物に作用する風圧力は大きく変化する．

また，屋根の形状によっても風圧力の効果は違ってくる．これは図3.5のような屋根の形状係数で表すことができる．

同じように水平方向に作用する地震荷重では，地盤が大きく動くことによって，基礎→柱→梁‥‥と部材に力が加わる．地盤であるベニヤ板の動きに従って，建物は大きく変形し，柱の荷重効果も大きく変化しただろう．

諸外国と比べて，日本は地震の発生確率が大きい．地震のエネルギーは非常に大きい場合が多く，わが国の建物の安全性を決めるのに支配的なのが，この地震荷重である．

このような地震や風による力は，水平方向に作用することが多いため，**水平荷重**に区分けされる．

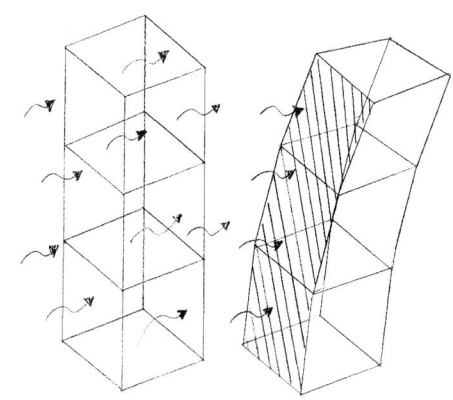

図3.4　風圧力と見付け面積

STEP 4　理解を深めよう

ここでは，荷重がどのように作用するのか，実状を踏まえた観点から整理してみよう．

例えば，どの位の期間，それぞれの荷重が作用するか？　という観点で考えてみる．

固定荷重は建物が建った後，壊れるまでのほとんどの期間はさほど変動しない．積載荷重の大部分もそれほど変動しない．これらを総称して**長期荷重**という．

一方地震や風は，それほど長期間発生することはほとんどなく，長くても地震で数分，風で数時間程度である．このような荷重を**短期荷重**という．

雪荷重は，冬期に長時間にわたって積もり続ける地域と，長くても数日で溶けてしまう地域で，荷重が作用する期間が異なる．そのため，多雪地域では長期荷重，それ以外の地域では短期荷重として扱う．

また，地震は揺れとして地盤面から伝わってくるものであり，一定の力で一定の方向に作用することはない．風も同様である．建物はそれにともなって変形し，中に住まう人間は揺れを感じることになる．

このような地震や風を受けるときには，柱の荷重効果も時々刻々と変化した．このような時間的な変化をともなう荷重を**動的荷重**という．

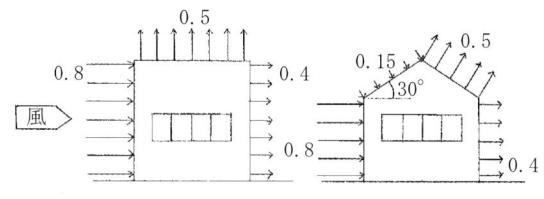

図3.5　屋根の形状係数

これに対して，固定荷重や積載荷重は時系列としてほとんど変化することはなく，一定の方向（鉛直）にほぼ一定の荷重が作用する．このような時間的変化をともなわない荷重を**静的荷重**という．

これらの荷重は，図4.1に示したようにその時々でさまざまな組み合わせで発生する．荷重の中には，風圧力のように1年に1度，春一番や台風のような大きな荷重が繰り返すことを想定する必要がある場合や，地震のように数十年，数百年に1度の大きな地震を想定する必要がある場合などがある．このような，ある大きさ以上の荷重が発生するのに必要な期間を再現期間という．再現期間が長いほど，発生する可能性のある荷重の最大値は確率的に大きくなる．

ある建物がどの程度の荷重に耐えられるようにするかを決めるには，その建物の使用を見込んだ供用期間を踏まえて，再現期間としてどの程度の荷重に耐えるように設計するかを決定することとなる．

 一口メモ

応力とは，建物に力（荷重）が作用したときに，骨組みに生じる抵抗力のことである．

それ以外にも，建物に作用することによって生じる，建物全体あるいは部材の変位，変形，部材力，応力などを総称して，**荷重効果**という．

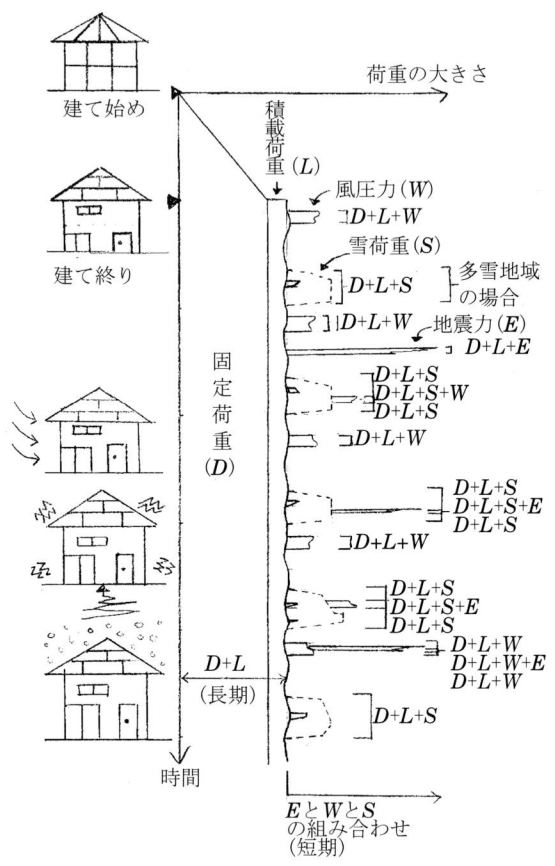

図4.1 荷重の組み合わせ

ちからとかたち 31

付録 データシート

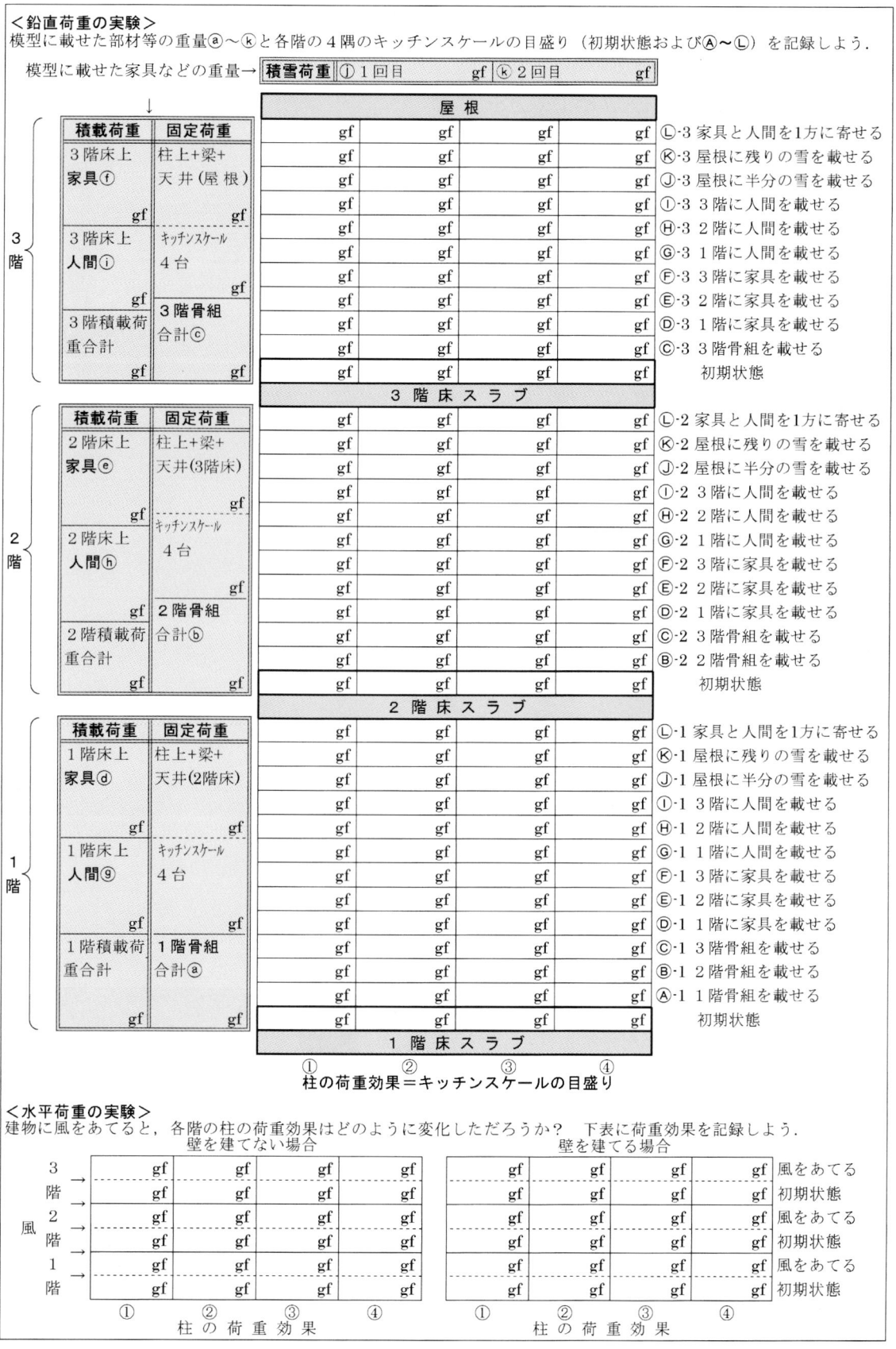

II 力の性質とその効果
6. 力によって部材はどうなるか

STEP 1 学種のねらい

　力は本来、私たちの目には見えないが、第1章で紹介したように自分自身の体を使って、押したり、引いたり、曲げたり、ねじったりすることで、私たちは力を直接感じることができる．この他にも力を感じる方法がある．力が加わることで物体が伸びたり、曲がったりすることは「変形する」と称されるが、この状態は目で見ることができる．つまり物体が変形している状態から、そこにどのような力が加えられているのか、推測できるのである．これは物体に加えられる力と、力によって物体に生じる変形の間には「一対一」の関係があるという経験則に基づいた推測である．本章では模型(試験体)に力を加えると、どのように変形するか観察し、力がどんな働きをするのか考えてみる．

＜変形体の力学とは＞

　中学や高校で学んだ「力」とはどういうものであったろうか．力とは運動の状態を変えるものとの定義がされていたであろう．そこでは、物体が空を飛んだり、地面の上を転がったり、衝突したりする問題を取り扱った．ここで注目してほしいのは、その問題において物体の形は変化していなかったことである．

　これに対して建築の力学の世界では、力を受けても物体は静止した状態を保っているものの、物体そのものは加えられた力に対して形が変化する状態を考えるところに特色がある．

　このように、力と変形の関係を考える力学を「変形体の力学」と言う．本章では、比較的柔らかい試験体にいろんな力を加えて、力と変形の関係を観察

用意するもの
- 棒状のポリウレタンまたは硬いスポンジ
  ：断面 50mm × 50mm，
  　長さ 300mm, 150mm, 50mm を各1本
- 木またはアクリルの板(曲がりにくい厚紙でもよい)
  ：大きさ 60mm×60mm，厚さ 3mm～5mm
- 厚さ5cm程度のブロック状の台：2個(本などでもよい)
- 定規(長さ30cm)
- フェルトペン
- 木工用接着剤または両面テープ
- カメラなど(変形の状態を記録できるもの)

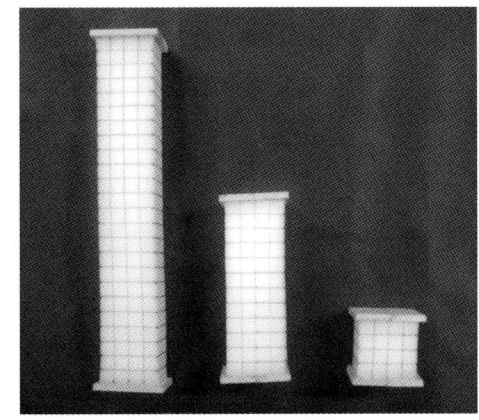

図 2.1　試験体(左より長さ 300mm, 150mm, 50mm)

してみる.

STEP 2　実験してみよう

＜試験体作製手順＞
① 3種類の長さのウレタンの側面に 12.5mm × 12.5mm のグリッドをフェルトペンで描く．グリッドはできるだけ正確な正方形になるように注意する．
② ポリウレタンのそれぞれの両端部に、木またはアクリルの板 (60mm × 60mm) を接着剤で貼り付ける (図 2.1).

【実験 2.1】　試験体を押してみよう
＜目的＞
　長さの異なる試験体を長さ方向に押してみる．圧縮力を受けると、物体がどのように変形するか観察してみよう．

＜実験方法＞
① 長さ 50mm の試験体の一端を下にして設置する．上端の板の中央を、まっすぐに下に押す (図 2.2).
② 試験体全体がどのように変形したか、また各グリッドがどのように変形したか、観察してみよう．
③ 長さ 150mm の試験体についても、同様に押してみよう (図 2.3)．長さ 50mm の場合と、違った性状を示さないか、観察してみよう．
④ 時間的に余裕があれば、長さ 300mm の試験体についても、実験してみよう．

＜観察のポイント＞
① 長さ方向に一つ一つのグリッドは一様に縮んでいるか、スケッチをしながら観察してみよう．さらに一つ一つのグリッドの変形と全体の変形が、どのような関係にあるかを、考えてみよう．
② 試験体が長くなると、真っすぐに縮まらないで、横方向にはらみ出すことがないか確認しよう．

【実験 2.2】　試験体を引っ張ってみよう
＜目的＞
　長さ 300mm の試験体の両端を引っ張って、伸ばしてみる．引っ張る位置を変化させると、形状がどのように変化するか、観察してみよう．

図 2.2　実験 2.1 (長さ 50mm の試験体)

図 2.3　実験 2.1 (長さ 150mm の試験体)

<実験方法>
① 長さ300mmの試験体の両端の板それぞれを左右の手でつかむ．このとき、端部の板の相対する2辺の中点を指で、はさむようにする（図2.4）．
② 両端の板を離すように力を加え、試験体を伸ばす．この時試験体の全体形状とグリッド形状がどのように変化するか観察してみよう（図2.5（a））．
③ 両端の板の指で、はさむ位置を辺の中心から12.5mmずらして（図2.4の○印の位置）、②と同様の実験を行う．なお、指ではさむ位置と辺の中心との距離は「偏心距離」と呼び、ここではeで表す．
④ 板をはさむ位置をe＝25mmに変更して（図2.4の△印の位置）、③と同様の実験を行う（図2.5（b））．
⑤ 時間的に余裕があれば、長さ150mmと50mmの試験体についても、①〜④と同様の実験を行ってみよう．

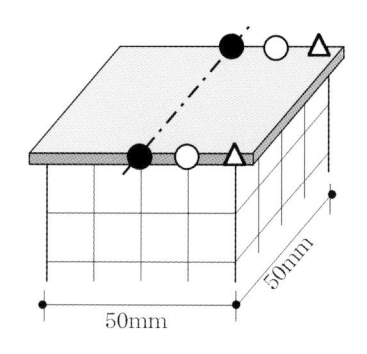

● 実験方法①の時に指ではさむ位置(e=0mm)
○ e=12.5mmの時に指ではさむ位置
△ e=25mmの時に指ではさむ位置

図2.4 実験2.2の引っ張り位置

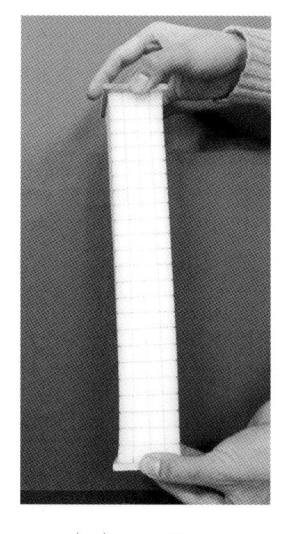

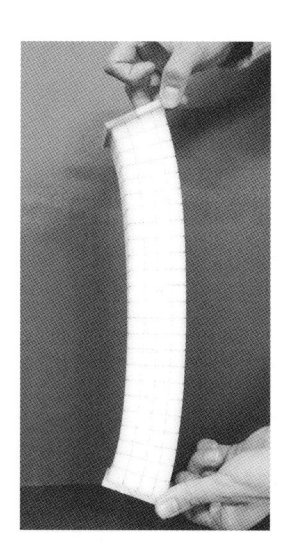

<観察のポイント>
① 中央点を引っ張った場合、一つ一つのグリッドは等間隔に伸びているか、また、端部の板の近傍と中央部分のグリッドの形状はほぼ同一となっているか、観察してみよう．
② 偏心距離と試験体の曲がりの関係はどのようになるか、観察してみよう．特に、一つ一つのグリッドは中央点を引っ張った時のように一様に変形せず、一つ一つのグリッドの曲がり方が異なる．その曲がり方の違いを観察し、スケッチしてみよう．

（a）　e＝0mm　　　（b）　e＝25mm
図2.5　実験2.2

【実験2.3】 試験体を曲げてみよう
<目的>
　ここでは試験体を横に倒して、長手と直交方向に力を加える実験を行う．これは、試験体を梁と見なした場合に相当する．力を加える位置によって変形性状が変化するか、観察してみよう．

<実験方法>
① 長さ300mmの試験体を横に倒して、両端の板を台の上に設置する（図2.6）．
② 長手方向の中央部の上面を、指で下方向に押して試験体を曲げてみよう．ある程度変形した状

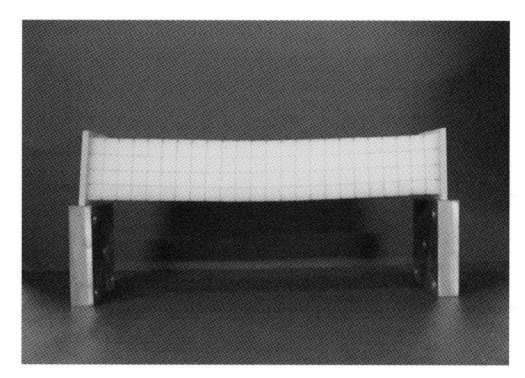

図2.6　実験2.3試験体の設置

態で静止させ、全体形状とグリッド形状を観察してみよう(図2.7(a)).
③試験体の長手方向に3等分した2箇所を同時に押し、②と同様の実験を行う(図2.7(b)).

＜観察のポイント＞
①断面方向のグリッドの変形状態が、上側と下側でどのようになるか比較してみよう．さらに、一つのグリッドが、長さ方向にどのように変化しているかについても観察してみよう．
②中央点1点を押した場合と、2点押した場合の形状を比較してみよう．
③試験体中央部の曲がりの大きな箇所のグリッド形状の変化を観察してみよう．

【実験2.4】 両端を横にずらしてみよう
＜目的＞
試験体の下端を動かさないで、上端のみ水平方向にずらすと形状がどのようになるか観察してみよう(この時、上下端の板が回転しないようにする)．この実験は、地震などの水平力を受ける柱を模擬したものである．

＜実験方法＞
①長さ300mmの試験体の下端を動かないようにしっかり押さえた状態で、上端を横にずらす．このとき、上端の板が回転しないように(水平状態を保つように)押さえるようにする(図2.8(a))．
②ある程度、横にずらした状態で止め、試験体の全体形状とグリッド形状の変化を観察する．
③長さ150mmと50mmについても、①，②と同様の実験を行い、変形がどのように変化するかについて、観察する(図2.8(b),(c))．

＜観察のポイント＞
①試験体と上下端との接着部近傍と、試験体中央部において、一つ一つのグリッドの変形状態に違いは見られるか、観察してみよう．
②試験体の長さが短くなると、変形性状に変化が見られるか、観察してみよう．

【実験2.5】 試験体をねじってみよう
＜目的＞
試験体の下端を動かさないで上端を水平面内で回

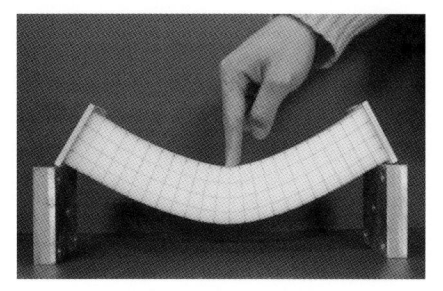

(a) 中央1点加力

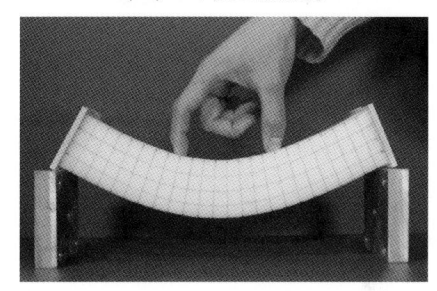

(b) 2点加力
図2.7 実験2.3

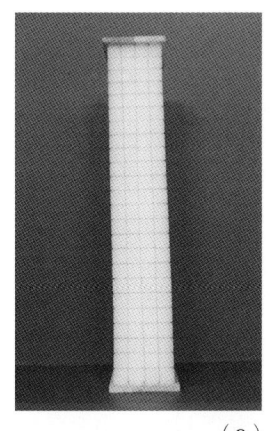

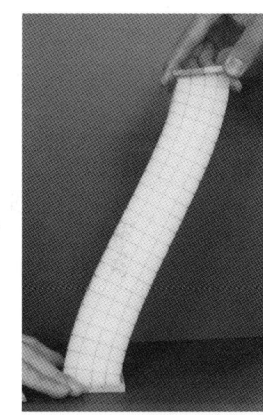

(a) 長さ300mm

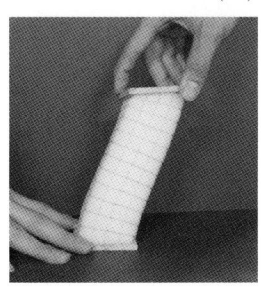

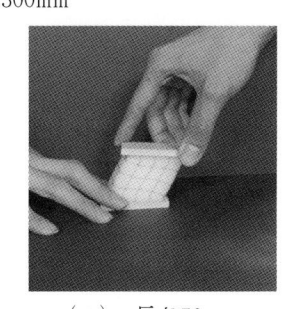

(b) 長さ150mm　　　(c) 長さ50mm
図2.8 実験2.4

転させて、試験体をねじり、変形状態を観察する．

<実験方法>
① 長さ300mmの試験体の両端を両手で持ち、それぞれの端を逆方向に回転させて、試験体をねじる（図2.9（a））．ある程度、ねじった状態で静止させ、全体とグリッドの形状を観察する．
② 長さ150mmと50mmの試験体についても①と同様の実験を行う（図2.9（b），（c））．

<観察のポイント>
① 一つ一つのグリッドは、どのような形に変化しているか、観察してみよう．その変形が全体の変形と、どのような関係があるのか観察してみよう．
② 試験体の長手方向の辺の形状はどのようになるのか、観察してみよう．

STEP 3　実験結果を理解しよう

<部材はどうして変形するのか>
　実験において、部材にある大きさの力を加えたとき、部材に何らかの変形が生じているのが観察されたであろう．また力を大きくすれば変形は大きくなり、力を除くと部材は元の形に戻るであろう．これより、力の大きさと変形の大きさは一対一の関係にあると考えてもよさそうである．
　それでは、どうして部材は力が加わると変形するのであろう．一例として、【実験2.1】の圧縮を受ける部材を取り上げて考えてみる．部材に力を加えて、ある変形が生じて静止しているとする（図3.1）．この状態は実験でも得られたであろう．このとき、部材を押している手には、部材から上向きに押し上げる反発力を感じることができる．部材がある変形状態で静止しているということは、押しつける力と、部材からの反発力が等しいと考えることができる（両者のどちらかが大きい場合には、上下どちらかに動き、静止できないと容易に想像できるであろう）．
　それでは、この反発力はどこから生まれるのであろうか．実は反発力は部材が変形したときに、変形を元の状態に戻そうとする力である［STEP 4参照］．反発力を理解するには、おもりが加わっているコイルばねを想像するといいかもしれない（図3.2）．いいかえれば、ある力に対して抵抗する、あるいはあ

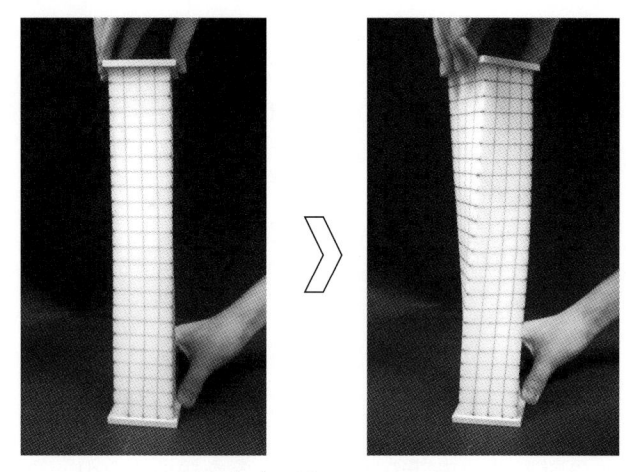

（a）長さ300mm

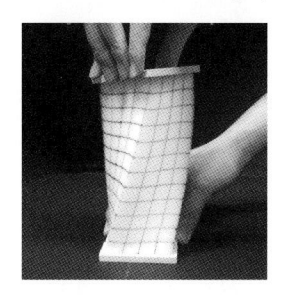

（b）長さ150mm　　（c）長さ50mm
図2.9　実験2.5

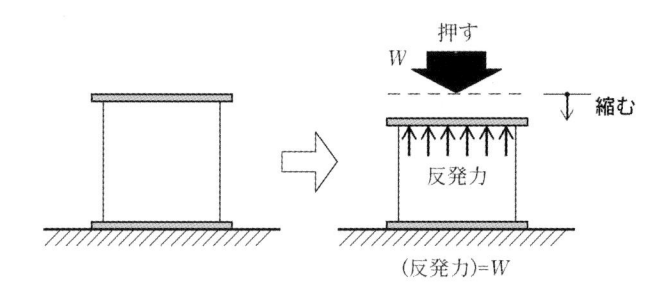

図3.1　ある部材を押して変形した状態

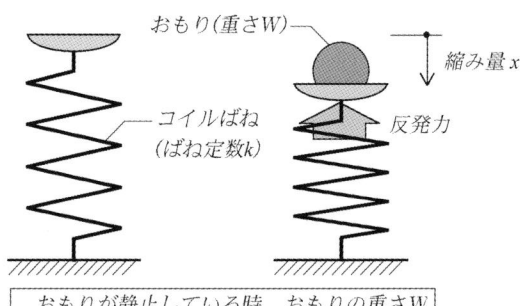

おもりが静止している時、おもりの重さW（下向き）とばねの反発力kxは等しい．
$$W = kx$$

図3.2　コイルばねの変形

る力を支持するためには、部材が変形する必要があるということである．例えば、われわれが床の上に立っていられるのも、足元の床が変形することにより、われわれの体重と同じ力で支持しているためである．

このように部材が変形することによる反発力の発生や、力と反発力の釣合について考える力学が「変形体の力学」である．この力学では反発力は「断面力」あるいは「応力」や「内力」とも呼ばれ、物体に加えられる力（「外力」）と区別している．

＜変形の種類＞

実験では、最初に描いた正方形の一つ一つのグリッドが、いろいろな形に変化する状況が観察されたであろう．ここではグリッドの変形に注目して、変形の種類を紹介する．

図3.3に示した4種類の変形の内、引張変形と圧縮変形は容易に理解できよう．曲げ変形は正方形グリッドが台形になるような変形であり、【実験2.3】のような梁が変形するときに見ることができる（実際の梁全体の変形は、図3.3の1グリッドの変形の集積で表現できる．このことは、8章で詳しく扱う）．またせん断変形は、正方形グリッドが平行四辺形（菱形）になるような変形である．このとき、元の正方形における2本の対角線の長さは、片方が伸び、もう一方が縮んでいるのが特徴である．

＜圧縮に対する縮み変形と座屈の発生＞

【実験2.1】で部材を圧縮する実験を行った．長さが50mmの短い部材について、力と直交方向の4グリッドはどのように変形したであろうか．中央部と端部の2ヶ所について観察してみよう（図3.4）．それぞれの4つのグリッドの縮み量は、ほぼ同じになるだろうか．また全長の中央部と端部のグリッドの変形に違いは見られるであろうか．この実験では、各グリッドの縮み変形が集まることにより、部材全体の縮みになっていることを理解できればよい．

なお、長さが150mmあるいは300mmの部材では、中央部が圧縮方向と直交する方向（横方向）にはらみ出す現象が生じたであろう（部材の材料が硬かったり、力が小さかったりすると生じない可能性もある）．この現象は「座屈（ざくつ）」と呼ばれる現象で、圧縮力を受ける場合にのみ生じる（図3.5）．詳しくは7章で述べられるが、どんなに力を板の真中にまっすぐ加えてもこの現象は生じる．

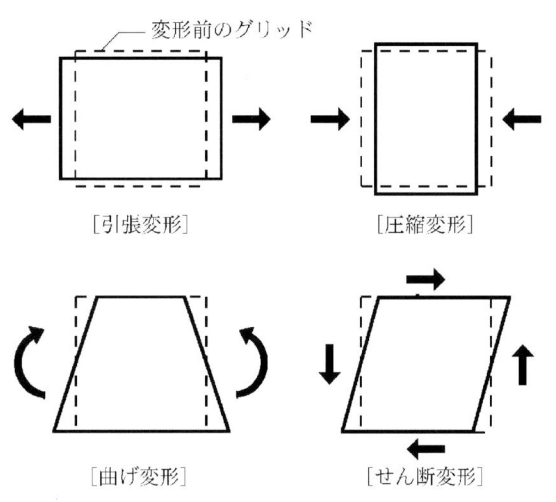

図3.3　1グリッドに着目した変形の種類

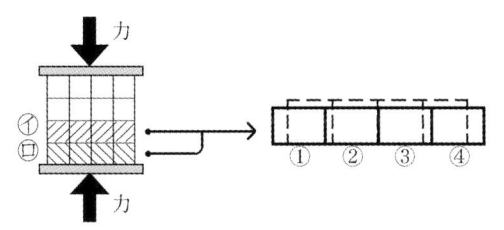

図3.4　圧縮に対するグリッドの形状変化　【実験2.1】

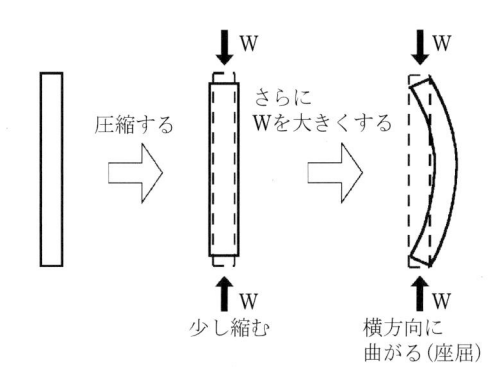

図3.5　圧縮に対する座屈

<引張に対する形状変化>

【実験2.2】で長さ300mmの部材を偏心なし（e＝0mm）で引っ張ったとき、どのような変形が観察できただろうか．部材の長さが伸びていることは容易に観察できたと思うが、個々のグリッドはどうであったろうか．部材全長の中央部、1/4部材、端部の3ヶ所の横ならびの4グリッドに注目して、以下の点について観察してみよう（図3.6）．

- それぞれの部分の4グリッドは、同じように変形しているか．
- 中央部と端部のグリッドの変形は、同一であるか．
- 各グリッドは引張方向に伸びていると思うが、力と直交する方向についてはどのように変形しているか．

この実験では各グリッドの伸び変形を寄せ集めたものが、部材全体の伸びになっていることに注目しよう．

また、部材中央部の幅が少し小さくなることに気がついたであろうか．これはあらゆる材料に生じる性質で、ある方向に部材を伸ばすと、その方向と直角の方向が縮む現象であり、力を加えた方向の伸び率（伸び量と元の長さの比）に対する直交方向の縮小率の比は、「ポアソン比」と呼ばれている（図3.7）．

このため、部材の中央部のグリッドは、幅方向に拘束されている端部の板近傍のグリッドより細長くなっており、一見中央部の伸びが大きいように見える．なお、この現象は圧縮した場合にも同様に生じるが、【実験2.1】では縮み量が小さいことと、座屈発生の可能性があることから、観察が難しいかもしれない。

<偏心引っ張りによる曲げ>

【図2.2】で偏心を設けて引っ張り力を与えた場合、部材が湾曲したであろう．また偏心距離eが25mmの場合、e＝12.5mmより曲がりやすかったであろう．このような力が加わった場合、引っ張り力と曲げ（正確には「曲げモーメント」）が同時に加わった状態と評価できる（図3.8）．前者の引っ張りに対しては部材が伸びるが、後者の曲げに対しては、部材の一方が伸び片方が縮むような湾曲した変形（曲げ変形）が生じる．曲げ変形については次項で述べる．

曲げの大きさは、偏心距離eに比例して大きくなるため、eが大きくなると湾曲形状の内側が圧縮、

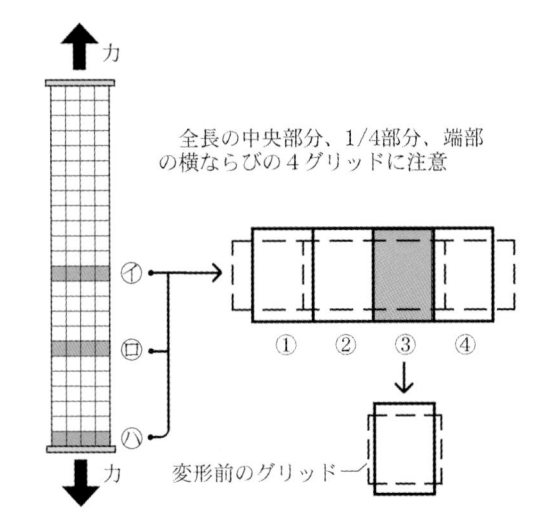

図3.6 引張に対する形状変化【実験2.2 偏心なし】

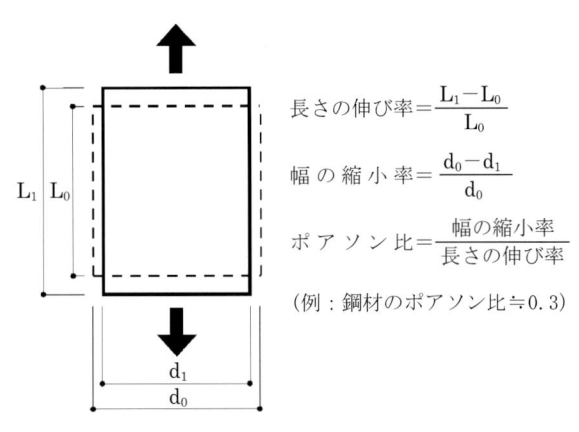

長さの伸び率 ＝ $\dfrac{L_1 - L_0}{L_0}$

幅の縮小率 ＝ $\dfrac{d_0 - d_1}{d_0}$

ポアソン比 ＝ $\dfrac{\text{幅の縮小率}}{\text{長さの伸び率}}$

（例：鋼材のポアソン比≒0.3）

図3.7 ポアソン比

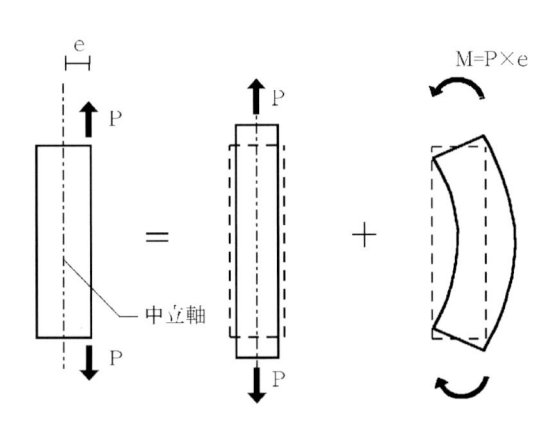

図3.8 偏心引張の評価

外側が引張になる可能性もある．実験時のグリッド
から、このような変形性状が観察できたであろうか．

<曲げ変形>
　【実験 2.3】では、試験体をはりと見なして、長手
方向と直交方向に荷重を加えた．この実験から曲げ
変形の基本的な性状が把握できるであろう（はりの
性質については 8 章に詳述している）．はりが変形
した状態において、中央部、荷重の加わっている部
分、端部のグリッドなどの形状変化について以下の
点を観察してみよう（図 3.9）．
・4 グリッドから構成される各部分の上縁の長さ
は縮み、下縁の長さは伸びているか．
・4 グリッドの変形の大きさについて、中央部と
端部を比較した場合、どちらが大きいか．
・各グリッドの形状は、台形になっているか．
　はりが曲げられた場合、はりの上面が縮み、下面
が引っ張られている性状が観察できたであろうか．
　この実験では各グリッドの変形を 4 つ重ねること
で、4 グリッド分の台形形状の変形となり、さらに
この 4 グリッドを材長方向に寄せ集めることで、は
り全体が湾曲していることに注目しよう．
　中央 1 点に力を加えた場合には、中央部分におい
て上面の縮み量あるいは下面の伸び量が大きくなっ
ていること、つまり曲率が大きくなっていることが
観察できたであろう．3 等分の位置 2 点に力を加
えた場合は、力の作用点の間の曲率の変化量（グリ
ッドの形状変化の大きさ）は、ほぼ同一になっている
ことも把握できるであろう．同じはりでも力の加え
方により、変形状態（曲率）が変化することにも注目
しよう．

<曲げ変形とせん断変形>
　【実験 2.4】のように、部材に横力を加えると、曲
げ変形とせん断変形が同時に発生する．長さ
300mm の部材の場合、S 字型に湾曲した性状が得
られたと思う．グリッドを観察すると、上下端の板
との接着部近傍で大きな曲げ変形（グリッドが台形
になる変形）が生じているのに対し、中央部のグリ
ッドは回転はしているもののグリッドの形状は台形
にはならない．一方、長さ 50mm の短い部材の場合、
ほぼ直線状に変形し、どのグリッドも平行四辺形に
なったであろう．すなわち部材が長い場合には曲げ
変形が、短い場合にはせん断変形が顕著に現れてい
る〔STEP 4 参照〕．この実験は、地震のような水

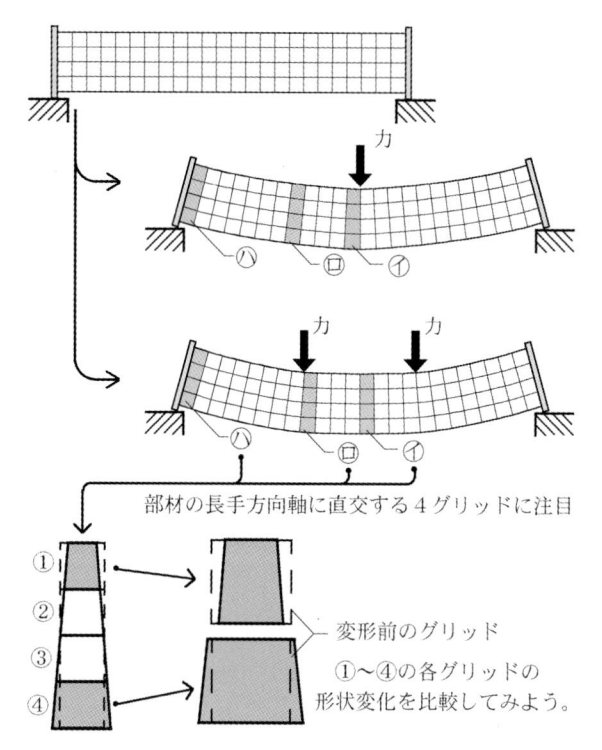

図 3.9　曲げに対する形状変化　【実験 2.3】

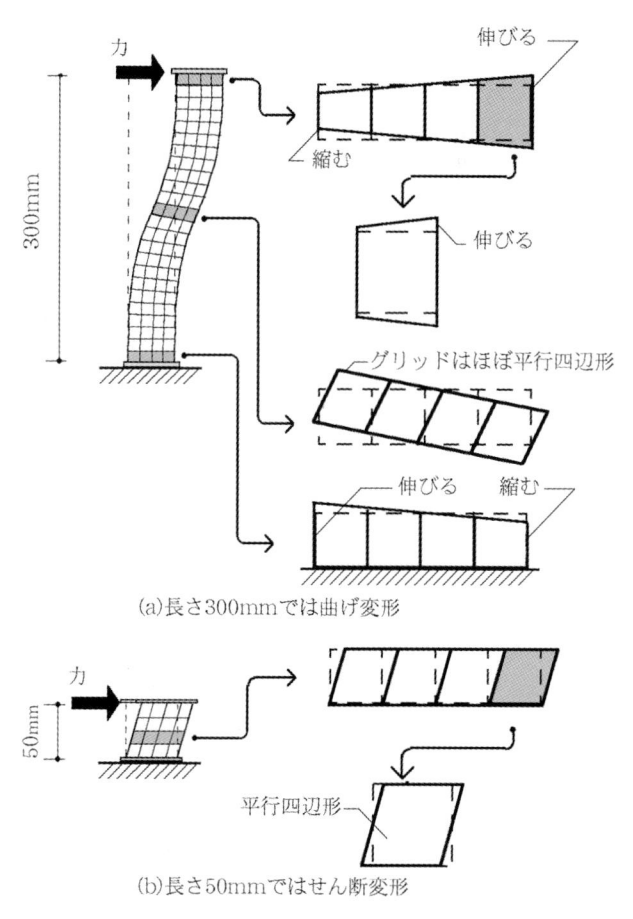

図 3.10　曲げ変形とせん断変形　【実験 2.4】

平力が加わった場合の柱の性状を表したものであり（図3.11）、上述した性質を理解することは建物の安全性を確保するために大切である．

<ねじりはせん断変形>

【実験2.5】では、部材の両端に逆方向の回転を与えてねじり変形を生じさせた．このときのグリッドの性状は、正方形が平行四辺形になるせん断変形が生じているのが観察されたであろう（図3.12）．すなわちせん断変形が生じ、そのせん断変形の寄せ集めによって、部材全体のねじりが発生していることに注目しよう．

STEP 4　理解を深めよう

<断面力（応力）と応力度>

物体に力が加わると、力は内部に伝わり、物体は変形を生じて静止する．そして力を除くと物体の変形は元に戻る．変形が元に戻るということは、力の作用で変形した物体内に元に戻そうとする力が存在するということである．この変形を元に戻そうとして物体内部に生じる力を「応力」という．細かく考えると、応力は、「物体を構成する原子や分子などの多くの粒子間の距離を保持しようとする力」、つまり「各粒子相互の間隔の拡大に対しても、縮小に対しても抵抗しようとする粒子間に生じる力」ということもできる．

変形体の力学では、応力の大きさは単位面積当たりの力で表し（単位はN/mm^2）、応力とも呼ばれる．断面力と区別するために、「応力度」と称されることもある．応力度は部材の安全性を検討する場合や、部材の断面を決定する場合に、非常に重要な数値である．材料の強度や設計上の目標値などを応力度で表すと、断面の大きさや形に無関係に材料ごとに定めることができる．

ここで断面力と応力度の関係をまとめておく．応力度は部材のある断面に分布している単位面積当たりの力であり、断面力は応力度の総和である．図4.1を見て欲しい．押し付ける力Wに対して物体内に生じる反発力（Wと方向が逆、大きさが同じ）が断面力である．この時、応力度の大きさは、断面力を断面積で割った値となる．なお、曲げが加わっている断面における断面力（曲げモーメント）と応力度の関係は、もう少し複雑になる．興味のある方は力学の教科書を参照してほしい．

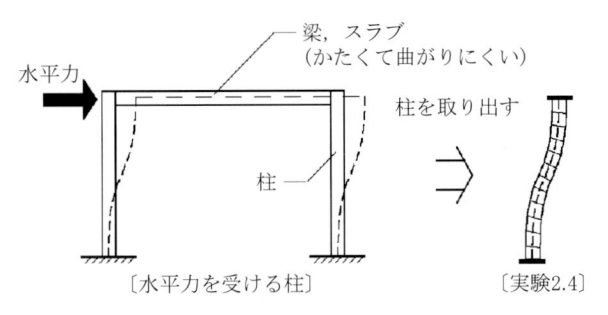

図3.11　水平力を受けるラーメンの変形

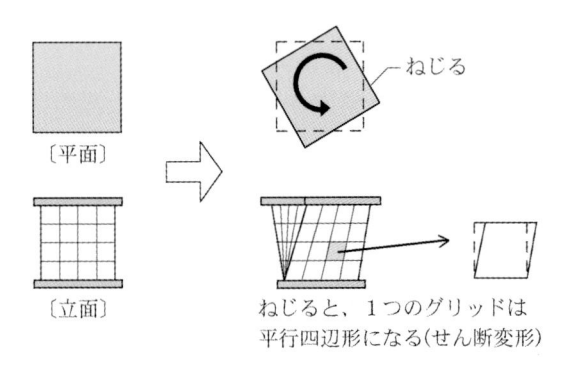

図3.12　ねじると1グリッドはせん断変形する

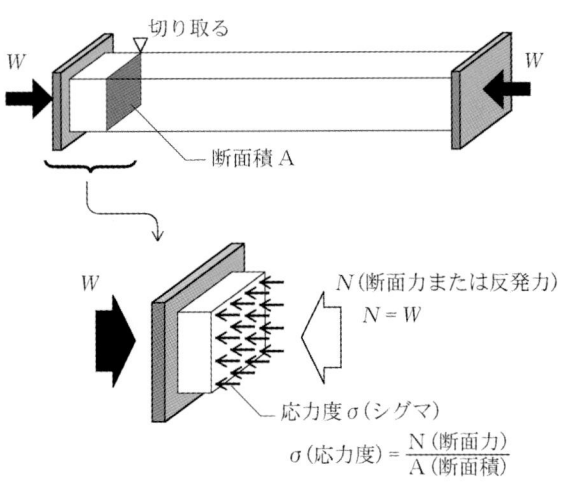

図4.1　応力度と断面力

$\sigma(応力度) = \dfrac{N(断面力)}{A(断面積)}$

＜曲げ変形とせん断変形＞

【実験2.3】では試験体を横にして、上から力を加えて変形させ、全体の形状とグリッドの形状を観察することにより、曲線状に変形していることから曲げ変形が生じていることが把握できた(せん断変形なら直線状に変形しているはずである：図4.2)。はりに力を加えたとき、実際にはせん断変形も同時に生じているのである。正確に上記の実験結果を表現すれば、「曲げ変形もせん断変形も生じているが、せん断変形は曲げ変形に比べて非常に小さく、実験では観察できなかった。」ということになる。

それでは、どういう時にせん断変形は大きくなるのであろうか。ヒントは【実験2.5】にある。この実験は、部材の両端を逆方向に水平移動させた実験であるが、長さ300mmの試験体の時は曲線状の変形(曲げ変形)、長さ50mmの時は直線状の変形(せん断変形)が発生した(図3.10)。これから部材のプロポーションが関係していそうだということが想像できるであろう。詳しいことは本書の範囲を超えているため避けるが、「部材が短く、断面のせい(力の加わる方向の高さ)が大きいほど、せん断変形が大きくなる。」ことを覚えていればよい(図4.2)。

＜両端に板を付けないでねじると…＞

本章の実験では、正方形断面の両端に板を取り付けてねじりを加えたが、両端に板が無い場合、「ウォーピング」という興味深い現象が生じる(図4.3)。この場合、両端の面は平面が保持されず、正方形の中央部に比べ隅部が落ち込んだ形状となる。このように、ねじりを加えた時に部材の長手方向に伸縮変形が生じることがウォーピングの特徴である。この時、部材表面のグリッドは、辺中央部でせん断変形(すなわち正方形が平行四辺形に変化する変形)の量が最大となる。なお、円形断面ではこの現象は発生せず、側面のせん断変形の大きさは同一となる。

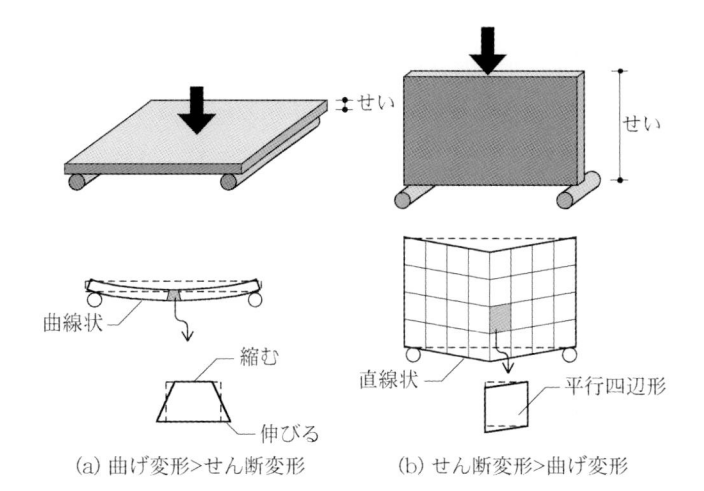

図4.2　同じ部材を使っても
(a) 曲げ変形＞せん断変形
(b) せん断変形＞曲げ変形

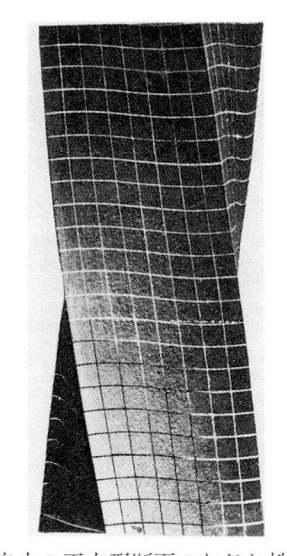

図4.3　両端自由の正方形断面のねじれ性状（ウォーピング）
(S.P. Timoshenko & J.N. Goodier 著／金多潔監訳，荒川宗夫・坂口昇・森哲郎訳：弾性論，コロナ社)

II 力の性質とその効果
7. 座屈って何？—棒材の座屈

STEP 1　学習のねらい

「座屈」という単語は，構造力学を学んだことがない人にとっては初めて聞く単語であろう．また，構造力学を学んだことのある人にとっても，実感の薄い単語ではないだろうか？しかし，実際は，日常生活での体験を通して知っている現象なのである．

本書のI-2「かたちをつくって試してみよう」に示されているような紙の柱の実験をしたことがあれば，柱に本を載せていくと，ついには一瞬にして柱が崩壊するのを見たはずである．実はこれがひとつの座屈現象（圧縮材をうける板材の座屈）である．実験の時に，はらはらひやひやしながら本を積み上げていったことを思い出せることと思うが，それは，座屈という単語は知らなかったにしても，起きるであろう崩壊の劇的様相は予想していたからである．

座屈現象の存在は，構造関係者の間では古くから知られ，また恐れられていた（図1.1～2）．実際の構造物に起きる座屈現象は，現在も十分解明され尽くされていない難しい問題である．この章のねらいは，その座屈のごく基本的な性質を簡単な実験をとおして，やさしく体験・理解することである．

図1.1　阪神・淡路大震災時の建物被害
　　　　（トラス材の座屈）
（日本建築学会近畿支部：1995年兵庫県南部地震鉄骨造建物被害調査報告書に加筆）

図1.2　38豪雪時の建物被害
（トラス腹材のうち圧縮材は座屈，引張材は健全）

STEP 2　実験してみよう

座屈の基本を体得しよう

【実験2.1】　曲げる，引っ張る，押す

小型の木製角材を曲げたり，引っ張ったり，押したりして，力の掛け方と強さの関係を見てみよう．配られた角材はひのき製で，その断面は8mm×3mm，長さは90cmである．

この角材の両端を握って，曲げやすいほうにそっと曲げてみよう（図2.1）．ごく少しの力で角材はすぐに曲がり始める．もし，もっと力を加え続けていけば，角材は折れてしまうであろうから，折れな

用意するもの

- ひのきの角材　　2本　　（断面3mm×8mm，長さ90cm　1本）
  　　　　　　　　　　　　（断面4mm×6mm，長さ90cm　1本）
- ものさし（長さ30cm，1mmが測定できるもの）　1
- 金尺（長さ1m，1mmが測定できるもの）　1
- おもり　　　　　　　　　　　　　　　　　　　2個
- はかり（キッチンスケール）　　　　　　　　　1
- 梁の支点（鉛筆やボールペンでよい）　　　　　2

いうちにやめよう．

次に，角材のどこでもよいから中間2か所を手で握って，角材を引っ張ってみよう（図2.2）．いくら力を入れても，握る場所を替えても，角材を引きちぎることはもちろん，伸ばすこともできないことと思う．

今度は，角材の中間を両手で握って押したり引いたりしてみよう．最初は，左右の握りの間隔を15cmぐらいにしてやってみよう．押しても引いても，びくともしないことであろう．30cmではどうであろうか．しかし握る間隔を長くすると，角材がブルブル横ぶれするようになる．角材が突然折れてケガをするかもしれないから，適当なところでやめる．

以上のことから，こんな小さい木製角材でも，引いたり押したりする場合には，かなり大きい力に耐えられること，しかし曲げる場合には弱いことがわかった．逆にいえば，押し引きの力だけが作用するように使うのならば，小さい断面の材を経済的に使えるということになる．これが，トラス構造の利点である．トラス構造の仕組みについては，本書Ⅲ-12「引張・圧縮だけでつくってみよう」に示した．

【実験2.2】 棒材の座屈

座屈のなかで最も基本的なものである「棒材の座屈」を体験しよう．上記の実験2.1で使った角材を机上に置いたキッチンスケール（秤量2kg）の上に立てて，図2.3のように，その上端を手のひらで真っ直ぐ下に，ゆっくりと押し下げてみよう．軽い力で押しただけで角材の中間が横にたわみ出して曲がり，手のひらに対する抵抗力が減少することが感じ取れる（角材の下端が横すべりするときは，サンドペーパーを敷くとよい）．そのとき，キッチンスケールの目盛りをみると，角材が曲がり始める瞬間に最大値となるが，細いひのき角材の場合は横たわみが大きくなると目盛りの値が減っていく．実験を3回ぐらい繰り返して最大値を記録しよう．

このような現象，すなわち，まっすぐに押しているのに突然横にたわんでしまう現象を，圧縮力を受ける「棒材の座屈」という．実験で読み取った最大値が座屈荷重の実験値である．

座屈にはいくつかの種類があるが，この棒材の座屈はもっとも基本的・普遍的な座屈であるとされている．そのため，単に座屈というと棒材の座屈のことであると受け取られるほどである．

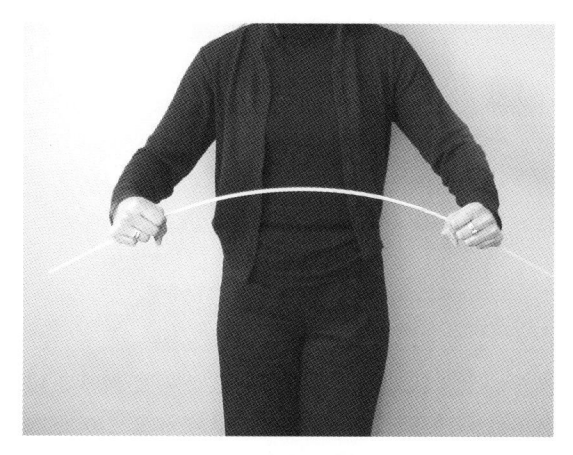

図2.1 角材を曲げる

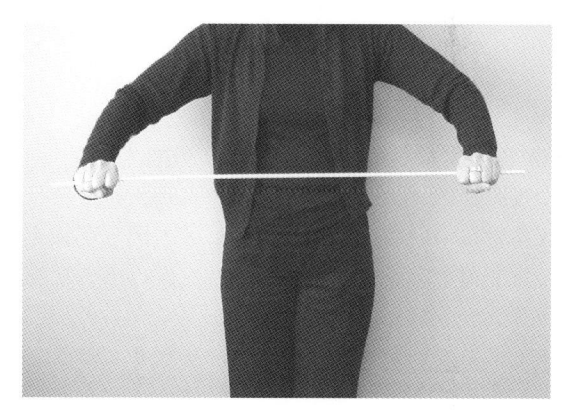

図2.2 角材を引っ張る

図2.3 棒材の座屈

座屈が発生すると，座屈後の大変形によって付加曲げが大きくなり，結果的に急激な耐力低下が起きることが多い．また，紙の柱の実験のように物を載せて圧縮力を加えると，手で押し下げるときのように圧縮力を減らすのが間に合わなくなるので，一瞬にして崩壊が起きやすい．この現象が大事故の引き金になった例は多い，図1は，座屈が骨組の崩壊に発展しなかった数少ない例ともいえる．

STEP 3　実験結果を理解しよう

棒材の座屈は棒が曲がることによって起きる現象であるから，「曲げ座屈」と呼ばれることがある．曲げることによって座屈するのではないことに注意が必要である．棒が曲がりにくくなれば座屈しにくくなる．実験を少し追加して，そのことを理解しよう．

【実験 3.1】　棒材の断面を変える　（図 3.1）

今度は，断面が 4mm × 6mm，長さ 90cm のひのき製角材について，上記の実験 2.2 と同じ実験をして，座屈荷重を読み取ってみよう．読み取った値はワークシートに記入する．

すでに気づいたことと思うが，実験 2.2 と 3.1 に用いた角材の断面積は，ともに 24mm² である．したがって，両方の角材を引きちぎったり，座屈しないように（例えば 2cm ほどの長さにして）押しつぶしたりすれば，ほぼ同じくらいの耐力を示すはずと考えてよいだろう．しかし，実験 3.1 の座屈耐力は，実験 2.2 の 1.5 〜 2 倍くらいになったのではないか？

【実験 3.2】　棒材の曲げにくさ　（図 3.2）

実験 2.2 と実験 3.1 の角材の曲がり難さにはどれだけの違いがあるのかをもっとはっきり知りたいのならば，以下のような実験を行うのがよいだろう．

実験 2.2 と実験 3.1 の角材を梁に見立てて，たわみの大きさを測定する．同じ荷重状態でのたわみの大小から曲げ難さを知ろうとする実験である．梁の支点は鉛筆やボールペンの軸などを用い，2つの机の間に掛け渡す．

この実験は，両者の支持の仕方とおもりのかけ方を同じにすることがポイントである．スパン（支点間距離）は 80cm，おもりは 2 か所にかけることとし，

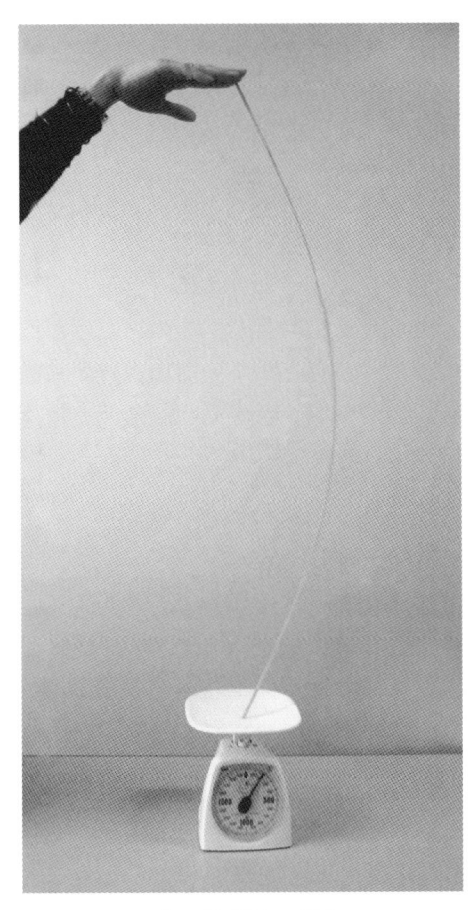

1)　座屈荷重の測定

2)　断面 4mm × 6mm の結果　　3)　断面 3mm × 8mm の結果

図 3.1　棒材の座屈荷重

左右の支点からそれぞれ 30cm のところとする．たわみはスパンの中央で測定する．角材に支点，載荷点，測定点の位置をサインペンなどでマークしておく．おもりの重量は，軽すぎると 2 つの梁のたわみの差への測定誤差の影響が大きくなり，重すぎると梁のぶら下がり効果がでるので，適当に加減する．

両者のたわみの測定値を比較すると，実験 2.2 の角材のたわみは実験 3.1 の角材の 1.5〜2 倍くらいになっているのではないか？すなわち，実験 3.1 の角材のほうが，実験 2.2 の角材よりは，1.5〜2 倍くらい曲がり難いということである．この関係が，実験 2.2 と実験 3.1 の座屈荷重に現れたものと考えることができる．

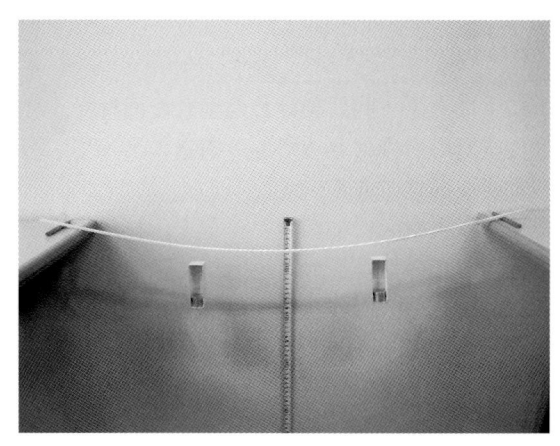

図 3.2　棒材の曲げにくさの測定

STEP 4　理解を深めよう

棒材の座屈現象の存在は古くから知られていたことと思われるが，1757 年にオイラー（Euler）がこのような棒材の座屈荷重の理論解を下記のように示した．

$$P_k = \pi^2 EI/L^2 \qquad (式 4.1)$$

P_k: 座屈荷重
E: 棒材のヤング率
I: 棒材の断面 2 次モーメント
L: 棒材の長さ

上記の式は，構造力学の学習を通して知っていた人もあるだろう．また，そのような人は長方形断面（幅 b，せい d）の断面 2 次モーメントが，$I = bd^3/12$ で与えられることも知っていよう．そうすると，実験 2.2 の角材と実験 3.1 の角材の座屈荷重の比率は，両方の角材の断面 2 次モーメントの比率にならなければいけないと考えるかもしれない．しかし，実験結果はそのようにはならなかった．実験の仕組みがかなりラフなことも一因であろうが，大きな原因は，木材のヤング率の大きなばらつきにあると考えられる．このことは，実験 2.2 において，角材を変えると座屈荷重がかなり変わることからうかがうことができる．

すでに気がついた人もあろうが，実験 3.2 で梁としてのたわみを測定したのは，EI をまるごと測定したことに相当するのである．

一口メモ

座屈荷重を求める場合の公式で用いる断面 2 次モーメントには，長方形断面の場合，曲げにくい方向の強軸と，曲がりやすい弱軸の 2 つがある．座屈荷重は弱軸方向に曲がるため，ここで用いる断面 2 次モーメントは，弱軸の値を使う．

断面 2 次モーメント $I = bd^3/12$

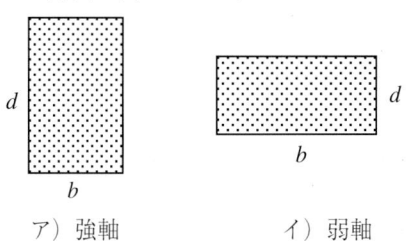

ア）強軸　　　　イ）弱軸

II 力の性質とその効果
8. 梁を曲げてみよう－単純梁のしくみ

STEP 1　学習のねらい

　梁は主に水平方向に架けわたされた部材で，柱とともに空間の形成にとっても，構造にとってももっとも重要な部材である．

　梁は，屋根や床に加わった荷重を，柱に伝達する役目を担っている．この荷重伝達は，詳しくいえば梁の材軸に直交方向の荷重を材軸に沿って梁の端部に伝えることであり，このとき，梁の中にはせん断力や曲げモーメントが生じる〔3章参照〕．梁は，どのように支えられるかによって硬さやじょうぶさが大きく変化する．建築物においては，梁と柱の接合部を剛（梁と柱が別個に回転しないようにしっかり止めつけた状態）にして「ラーメン構造」にすることが一般に行われるが，本章では支持点の数が2点，かつ回転を拘束していない「単純梁」を対象にして実験を行う．

　実験をとおして，部材の曲がりやすさ（曲がりにくさ）はどのような値によって変化するのか，理解してほしい．

STEP 2　実験してみよう

【実験2.1】　いろいろな断面の梁を曲げてみよう
＜目的＞
　木を用いて単純梁を作成し，梁の中央点におもりを加えて，中央点の変位を計測してみよう．梁の断面が変化したとき，変位がどのように変化するか，観察してみよう．

用意するもの

- 木材：長さ30cm程度
  - 断面2mm×10mm：3本
  - 断面4mm×10mm：1本
  - 断面6mm×10mm：1本
- おもり（分銅）100gf：2個
- 木製または発泡スチロールのブロック（1辺5cm程度）あるいはL型断面の鋼材（1辺5cm程度，長さ5cm程度）：2個
- スケール（ものさし）
- たこ糸またはテグス（長さ30cm程度）
- S字フック：1個
- 水糸（長さ40cm程度）：1本
- 厚めの本数冊あるいはコンクリートブロック（試験体の土台に用いる）：2個

<実験方法>
① たこ糸を10cm程度に切り，両端を結んで輪を作っておく．また，分銅にたこ糸を取り付け，つり下げられるように輪を作っておく（図2.1）．
② 木材（断面が2mm×10mmのもの）の長手方向の中央に線を描き，その線から両端に向かって12.5cmの位置に同様の線を描く（図2.2）．
③ 木製ブロックを，内のりの距離が25cmになるように平行に並べる．ブロックの下には本やコンクリートブロックなどを敷いて，試験体の高さが10cm程度になるようにする．
④ 木製試験体に①で作った輪を通したのち，ブロック間に架ける．
⑤ 試験体の中央に輪を移動し，輪にS字フックをつり下げる．
⑥ 木製ブロック間に木製試験体を架ける．このとき，手順②で描いた試験体両端の線と両ブロックの内側の辺が一致するようにする（図2.3）．
⑦ 試験体の両端上面の線の位置を結ぶように水糸を張り，試験体中央位置において，水糸と試験体の上面との距離s_0をスケールで測定する．（できれば1mm以下のオーダーまで読み取ってみよう）．
⑧ S字フックにおもり2個をかけ，同じように距離sを測定する（図2.4）．
⑨ sからs_0を差し引くことで，中央点の下がり量（変位）δを算定する．
$$\delta = s - s_0$$
⑩ 図2.5に示す，いろいろな試験体に対して，②〜⑨と同様の実験を行う．

<考えるポイント>
① 同断面の部材を2枚，3枚と重ねたとき，変位はどのように変化するか，1枚の場合に対する比率を計算してみよう．
② 試験体（イ），（ニ），（ホ）の変位を比較して，試験体の厚さと変位の関係を求めてみよう．
③ （ロ）と（ニ），（ハ）と（ホ）の結果を比較して，変位の差が生じる原因を考えてみよう．

図2.1 おもりにたこ糸の輪を取り付けておく

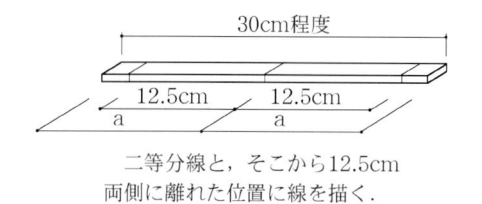

図2.2 木材の試験体

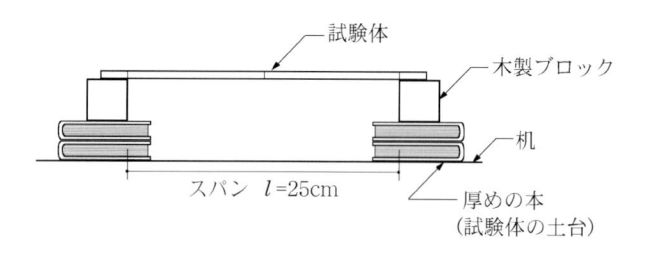

図2.3 試験体の設置

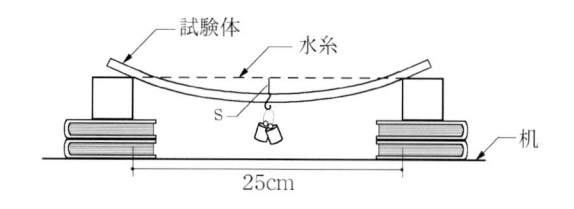

図2.4 実験概要【実験2.1】

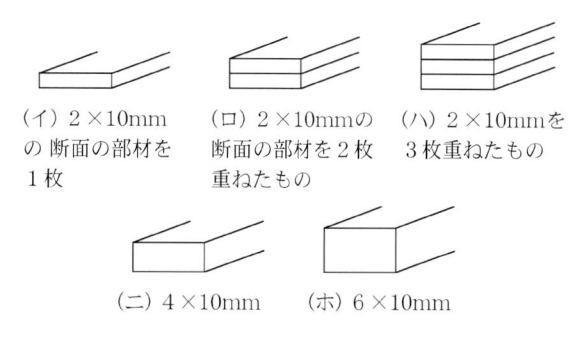

（イ）2×10mmの断面の部材を1枚
（ロ）2×10mmの断面の部材を2枚重ねたもの
（ハ）2×10mmを3枚重ねたもの
（ニ）4×10mm
（ホ）6×10mm

図2.5 試験体の断面【実験2.1】

【実験 2.2】 スパンを変えてみよう
＜目的＞
　梁のスパン（架けわたした距離）を変化させたとき，変位がどのように変化するか，観察してみよう．

＜実験方法＞
① 木材の長手方向の中心に線を描き，その線から両端に向かって 2.5cm ピッチで 5 本ずつ線を描く．
② 内のり長さ（スパン）を 25cm になるように設置したブロックの上に木材を架けわたし，実験 2.1 の⑦〜⑨と同様の実験を行い，中央点位置の下がり量（変位）δ を求める．
③ スパン l を 20cm，15cm，10cm と短くして，②と同様の実験を行う（図 2.7）．

＜考えるポイント＞
① スパンを変化させたとき，変位はどのように変化するか，以下の要領で考えてみよう．
② スパン 10cm のときの変位 δ_{10} で，ほかのスパンのときの変位を割って，比率を求め，図 2.9 のようなグラフを描く．なお，横軸は，各スパンを 10cm（l_{10}）で割った値で，無次元化のスパンを表す．
③ δ/δ_{10} が l/l_{10} の何乗に比例するか計算してみよう．すなわち次式に $n = 1, 2, 3, 4, \cdots$ を代入した関係をグラフに描き，実験結果にもっとも近い n を見付けてみよう．

$$\frac{\delta}{\delta_{10}} = \left(\frac{l}{l_{10}}\right)^n$$

用意するもの

（【実験 2.1】と同じものを使用）
・木材（断面 2mm × 10mm）：長さ 30cm 程度×1 本
・おもり（分銅）100gf：2 個
・木製または発泡スチロールのブロック（1 辺 5cm 程度）
　あるいは L 型断面の鋼材（1 辺 5cm 程度，長さ 5cm 程度）：2 個
・スケール（ものさし）
・たこ糸またはテグス（長さ 30cm 程度）
・S 字フック：1 個
・水糸（長さ 40cm 程度）：1 本
・厚めの本数冊あるいはコンクリートブロック（試験体の土台に用いる）：2 個

図 2.6　実験状況【実験 2.1】

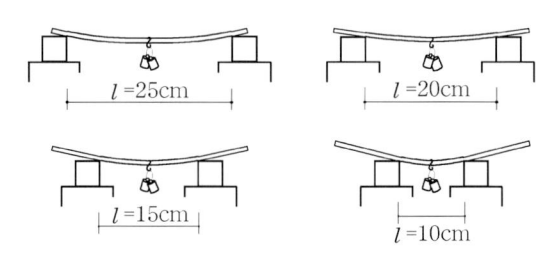

図 2.7　実験 2.2 の試験体

図 2.8　実験状況【実験 2.2】

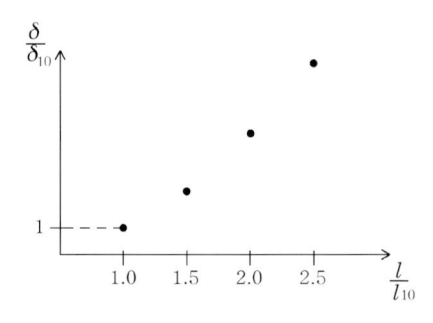

図 2.9　変位とスパンの関係

【実験 2.3】 荷重と変位の関係を求めてみよう

＜目的＞

荷重（おもりの重さ）が大きくなると，たわみも大きくなることは容易に想像できると思うが，この両者はどのような関係になるだろうか，実際に確かめてみよう．ここでは 2 種類の材料を用いて実験を行い，両者の荷重－変位関係を比較してみる．

＜実験方法＞

① 木材とアクリルの長手方向の中央に線を描き，その線から両端に向かって 12.5 cm の位置にも同様の線を描く〔図 2.1 参照〕．

② 木製ブロックを，内のりの距離が 25 cm になるように並べる．

③ 実験 2.1 の④，⑤と同様の方法で載荷の準備を行う．

④ 試験体の両端上面の線の位置を結ぶように水糸を張り，試験体中央位置において，水糸と試験体の上面との距離 s_0 をスケールで測定する．

⑤ S 字フックにおもりを 1 つずつかけ，そのたびごとに④と同じように距離 s を測定する（図 2.10）．

⑥ s から s_0 を差し引くことで，中央点の変位 δ を算定する．

$$\delta = s - s_0$$

⑦ アクリルの試験体に対しても④から⑥と同様の実験を行う．

＜考えるポイント＞

① 荷重（おもりの重さ）と変位の関係を表すた

用意するもの
・木材（断面 2mm × 10mm）：長さ 30cm 程度 × 1 本
・アクリル材（木材と同断面のもの）：1 本
・おもり（分銅）50gf：3 個
・木製または発泡スチロールのブロック（1 辺 5cm 程度）あるいは L 型断面の鋼材（1 辺 5cm 程度，長さ 5cm 程度）：2 個
・スケール（ものさし）
・たこ糸またはテグス（長さ 30cm 程度）
・S 字フック：1 個
・水糸（長さ 40cm 程度）：1 本
・厚めの本数冊あるいはコンクリートブロック（試験体の土台に用いる）：2 個

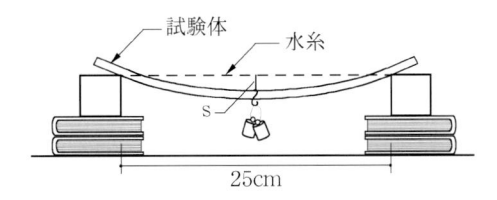

図 2.10 実験概要【実験 2.3】

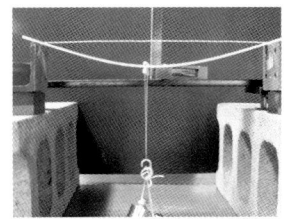

図 2.11 実験状況【実験 2.3】

めに，図2.12のようなグラフを描いてみよう．荷重と変位の関係は正比例で表されるか確認してみよう．

② アクリルと木材の結果を①の同じグラフ上に記入する．2つのグラフを比較してどのような差があるか見てみよう．2つの試験体は断面積が同一であるため，両グラフの差は材料によるものと考えられる．

③ 上記グラフの傾きは，荷重に対するかたさを表している．すなわち傾きが大きいと，荷重に対して変位が小さいこと，つまり曲がりにくいことを表している．木材とアクリルの曲がりにくさの比はどのくらいであろうか．

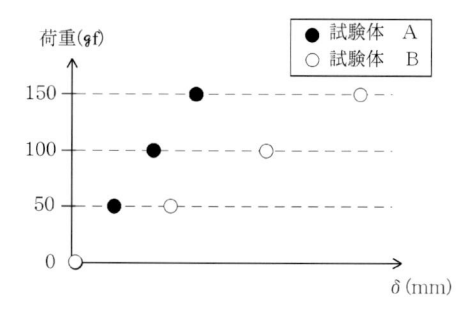

図2.12 荷重と変位の関係

STEP 3　実験結果を理解しよう

＜単純梁の反力＞

実験において，おもりが加わったとき，梁（試験体）はある変位が生じた状態で静止していたであろう．このとき，おもりの重さと両端で梁を支えている力は，釣り合っていると考えることができる．単純梁は図3.1に示すように簡略化したモデル図で一般に表される．この図において，梁を支える点（両ブロックの内側の点）はピンとローラーで表される（梁の変形時にブロックと梁が接触する点はブロックの内側であり，またその点では梁の回転が生じるため，支持点はピンあるいはローラーでモデル化できる）．両方の支持点において梁を支えている力（反力）は，荷重（大きさP）が鉛直方向に梁の中点に加えられていることを考慮すると，$P/2$と求められる．

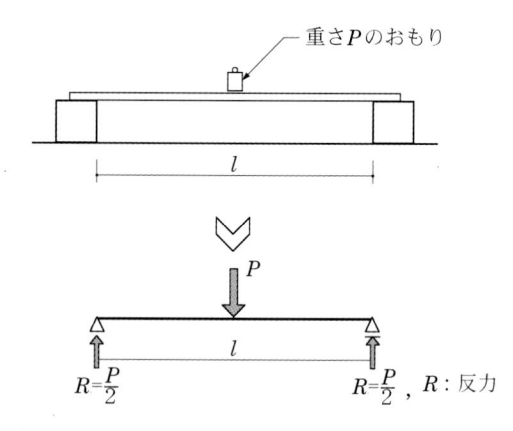

図3.1 単純梁のモデル図

＜梁の内部に生じている力＞

実験において，おもりの重さPがどのように伝わって支点まで伝わり，反力を生じさせているか考えてみよう．

梁を伝わる力を考える際には，支点から距離xの位置で切断した図を用いて考えるとよい．切断面に梁の内部に生じる力（内力）を考える．釣り合って静止した状態の物体では，そこから取り出した部分も静止していることから，外力（あるいは反力）と内力が釣り合っている状態にあると見なしてよい．図3.2の切断した部分を対象にすると，まず鉛直方向の釣合いから部材の材軸に直交する方向の内力Q（せん断力）が$P/2$と求まる．また反力R（$=P/2$）

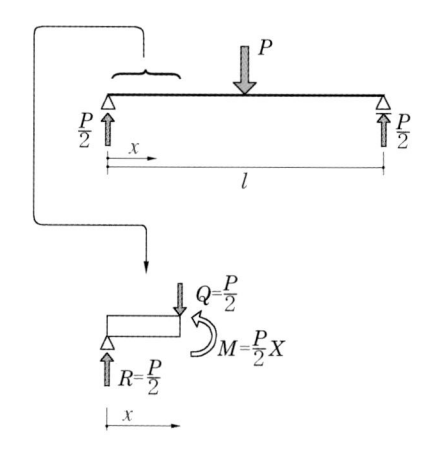

図3.2　左の支点からxの位置で切断して考える

と Q による回転力（偶力）に釣り合わせるために，曲げモーメント $M = Px/2$ が求まる．

単純梁中央の集中荷重が両端まで伝達するのは，この内力の働きによるものである．梁に沿った内力の大きさを表すと図3.3のようになる．この図の表す意味を考えてみよう．

<内力と変形>

内力によって物体には変形が生じる．図3.4に，曲げモーメントとせん断力による変形の概念を示す．物体に曲げが加わると，物体の片側（図3.4では下の面）は引っ張られ，もう片側は圧縮されると考えられる．このことは，実験時の変形状態からも推定できるだろう．さらに図3.4から，物体の中央には伸びも縮みもしない部分（中立軸）が存在すること，また中立軸から離れるにつれて伸縮の度合が大きいこと，が想像できるであろう．

一方，せん断力による変形は，正方形が菱形になるような変形と考えてよい．この場合，物体の材軸方向あるいは材軸に直交方向の長さは変化せずに，斜め方向（正方形の対角方向）の長さあるいは角度の変化をともなうと考えられる．

実験において生じた変形は，上記のような内力による変形が集積したものと見なすことができる．実験で用いた単純梁のように細長く曲がりやすい部材では，せん断変形に比べて曲げ変形がかなり大きく，せん断変形は無視しても差し支えない．

<集中荷重時の単純梁の変形>

梁の中央に集中荷重を受ける単純梁における最大変位は中央に生じ，その値は次のように得られている（図3.5）．

$$\delta = \frac{Pl^3}{48EI} \qquad (式3.1)$$

ここで，

E：「ヤング係数」と呼ばれ梁の材料により定まる値．

I：「断面二次モーメント」．断面の形状によって定まる値．長方形断面の場合，図3.6のようになる．

(3.1) 式の分母 EI は，曲がりにくさを表す係数で，「曲げ剛性」とも呼ばれる．断面二次モーメント I は上述の曲げ変形の性質に対応したものである（図3.4）．すなわち曲げモーメントが生じると，断

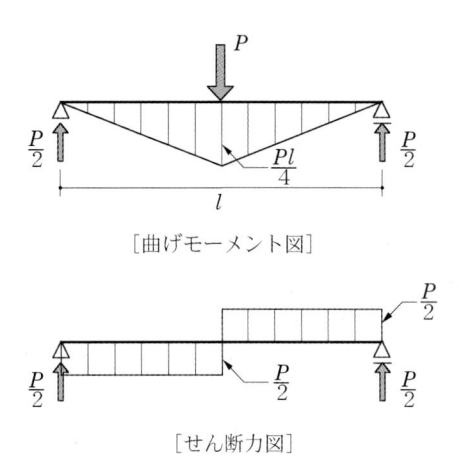

図3.3 内力の大きさを表した図

図3.4 内力と変形

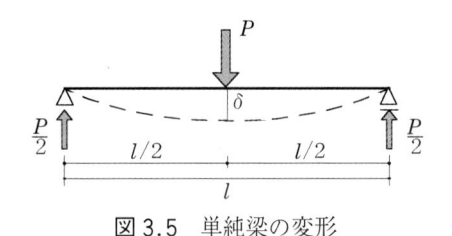

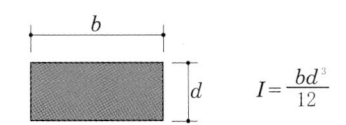

図3.5 単純梁の変形

図3.6 長方形断面の断面二次モーメント

面の中立軸から遠くなるほど大きな引張り（あるいは圧縮）が生じるため，これによる変形を抑えるためには，中立軸から離れた位置の断面積を大きくすることが効果的となる．断面二次モーメントはこの断面形状による曲げ変形のしにくさを表したものであり，長方形断面では図3.6のように求まる．I が横幅（b）に単に比例するのに対し，せい（d）の3乗に比例することに注目してほしい．このことをいいかえれば，同じ断面積の断面に対して，せいを大きく使ったほうが，変形がしにくくなることを意味している（図3.7）．実際の建物における梁の断面は，横幅とせいのどちらが大きくなっているか，観察してみよう．なお実験では，横幅のほうを大きくした断面を用いたが，これは変形を生じやすくすることを目的としたものである．

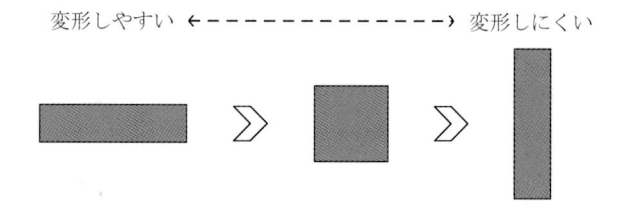

図3.7 同じ断面積の部材を使っても，変形のしやすさは異なる

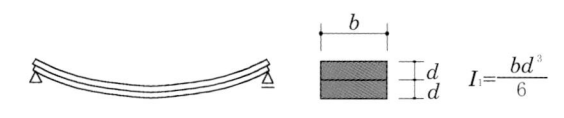

(1) 厚さが2mmの部材を2枚重ねた場合　$I_1 = \dfrac{bd^3}{6}$

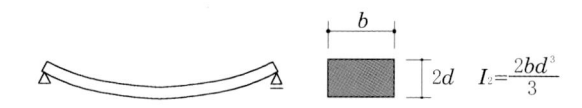

(2) 厚さが4mmの部材1枚の場合　$I_2 = \dfrac{2bd^3}{3}$

図3.8 梁を2枚重ねると

＜実験結果の理解＞

① 【実験2.1】は断面の形状が変位に及ぼす影響を見ることを目的にしている．(3.1)式より δ が I に反比例すること，さらに図3.6のように I が梁せい（d）の3乗に比例することを理解し，実験結果を検討して欲しい．また厚さが2mmの部材を2枚（あるいは3枚）重ねた場合と，厚さが4mm（あるいは6mm）の部材の場合との結果を比較してみよう．部材を2枚重ねた場合，図2.4の曲げ変形の模式図のように上の部材の上の面は縮み，下の面は伸びると想定される．一方，下の部材も同様の変形が生じるため，両部材の接触面において，上の部材が下の部材より長くなるようなずれが生じる．

これに対して，部材が1枚の梁の場合，このような現象は生じない．すなわち2枚に分かれた試験体の上下の部材を接着剤などで一体化したものに相当する．

以上のことを，前述の断面二次モーメントを用いて考えてみよう（図3.8）．まず，幅 b，せい d の梁（1枚あたりの断面二次モーメント $I_0 = bd^3/12$）を2枚重ねた場合，断面二次モーメントは I_0 の2倍と考えられるため，$I_1 = 2I_0 = 2bd^3/12 = bd^3/6$ となる（*注）．一方，2枚の梁を一体化した場合，幅 b，せい $2d$ の梁であるから，断面二次モーメントは，$I_2 = b(2d)^3/12 = 2bd^3/3$ となる．すなわち $I_2 = 4I_1$ となり，一体化した場合，曲げ剛性は4倍になると考えられる．実験では，この比率はどのくら

いになっているだろうか．上下部材の接触面の摩擦により，4倍より小さな値になる可能性があることに留意して欲しい．

（*注）断面二次モーメント I_0 の部材を m 枚重ねた場合，断面二次モーメントが mI_0 になることを数式を使って説明する．

荷重 P が加わって変位 δ が生じた状態を考える．このとき，m 枚の梁は，それぞれ同じ変位が生じていると考えられる．つまり，ある1枚の梁に対する荷重と変位の関係は（3.1）式より次のように表される．

$$\delta = \frac{P_i l^3}{48EI_0} \quad (式 3.2)$$

ただし，P_i は1枚の梁が分担する荷重である．このとき，荷重の釣合いを考えると，次式となる．

$$P = P_1 + P_2 + \cdots + P_i + \cdots + P_m \quad (式 3.3)$$

m 枚の梁の変形がすべて（3.2）式と等しいことを考慮すると，（3.2），（3.3）式より，次式が得られる．

$$P_1 = P_2 = \cdots = P_i = \cdots = P_m = \frac{P}{m} \quad (式 3.4)$$

（3.4）式は，各梁が負担する荷重は等しく，その大きさは荷重 P を梁の枚数で割った値になることを意味している．（3.4）式を，（3.2）式に代入すると，

$$\delta = \frac{P}{m} \cdot \frac{l^3}{48EI_0} = \frac{Pl^3}{48(mEI_0)} \quad (式 3.5)$$

（3.5）式を（3.1）式と比較することにより，m 枚の梁を重ねた場合，断面二次モーメントは mI_0 となることが理解できるであろう．

② 【実験2.2】は，同一部材に対してスパン（l）を変化させた実験である．（3.1）式より，δ は l の3乗に比例することが理解できると思う．実験から求めた n はこの3乗に相当するものであるが，3に近い値が得られたであろうか．

③ 【実験2.3】は，2種類の材料に対して荷重と変位の関係を求めることを目的としている．（3.1）式より，δ と荷重（P）は比例することが理解できると思うが，実験で得られた荷重－

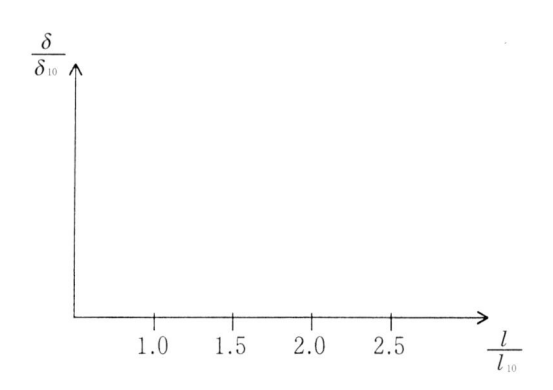

梁を曲げてみよう－単純梁のしくみ

$\dfrac{\delta}{\delta_{10}}$

1.0 1.5 2.0 2.5 $\dfrac{l}{l_{10}}$

- STEP 2 【実験 2.3】

おもり P (gf)	木材		アクリル材		δ_a/δ_t
	s (mm)	δ_t (mm) $(s-s_0)$	s (mm)	δ_a (mm) $(s-s_0)$	
0	(s_0)	0		0	
50					
100					
150					

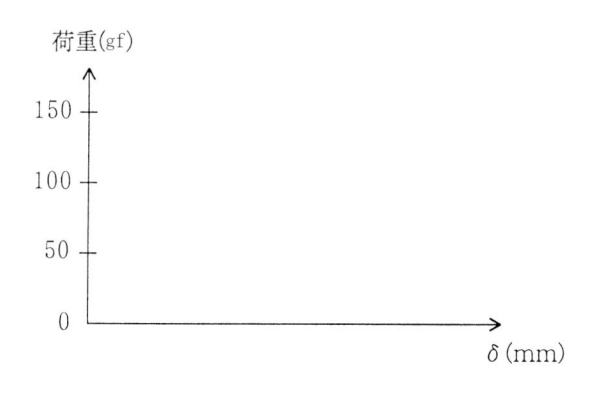

荷重(gf)

150
100
50
0
　　　　　δ (mm)

Ⅱ 力の性質とその効果

9. ラーメンに壁が付くと―耐力壁付きラーメン

STEP 1 学習のねらい

地震の多発するわが国では，地震外力に対する設計が重要である．耐震設計は地震による水平力を主な対象と考えて，その力に耐えるように設計される．

図1.1のようにマッチ箱で試してみると，壁のない骨組に水平力が作用すると骨組は平らにつぶれてしまうが，壁のある骨組に水平力が作用しても変形しにくくなる．このことからも，壁は重要な耐震要素といえる．

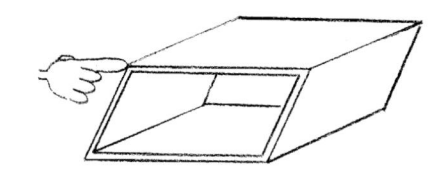

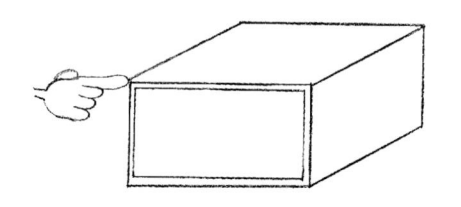

図1.1 壁のない骨組と壁のある骨組

STEP 2 実験してみよう

実験の概要

この章では，模型を使ってこのような壁の役割を考えよう．壁のないラーメン模型と，耐力壁のあるラーメン模型を作製し，水平力を作用させる実験を行ってみよう．その結果から壁があるものとないものではどのくらい剛性が変わるかがわかる．また壁の配置を変えることによって，ラーメンの変形の仕方がどう変わるかなどを学習しよう．

模型製作に2時間，載荷実験は30分位でできる．

1口メモ

ラーメンとは，各節点で部材が剛に接合されているような骨組である．力学的には，主に曲げに抵抗する部材によって力を伝達する．

用意するもの

- ラバースポンジ系の材料：500mm×250mm×厚さ15mm　3枚　あまり柔らかすぎず，自立できるもの
- 瞬間接着剤：1本　上記の材料に適したもの（ラバー，ゴム系用（関西ポリマー社　V7など））
- ゼムクリップ：1個　比較的大きめがよい
- 釣り糸　12号：約75cmと約60cm　ラーメンモデルとおもり入れに使う
- 細い針金など：釣り糸をラバースポンジ系の材料に埋め込む穴を開ける
- ポスカ：ラバースポンジ系の材料に書いて目立つ色（白など）
- スチレンボード：厚さ7mm　1枚
- 方眼紙：1mm方眼　A3判　1枚
- バルサ材丸棒：直径8mm程度　1本→約40mm程度の長さに切る
- 木綿糸：太番手のもの
- 画びょう：1個　針部分の長いしっかりしたもの
- 工作用紙：1枚
- セロハンテープ
- スチレンのり，スプレーのり　など
- 定規，金尺：カッターを使用する際に耐えられるもの
- カッター：刃を折って新しくできるもの．刃が大きいほうがよい
- カッティングマット
- 10円玉：50枚　→載荷実験のおもりとして使用する

ラーメン模型の作製

純ラーメン，連層耐震壁，ピロティの3つのモデルをラバースポンジを用いて作製し，スチレンボードで作った土台にセットする．

（1）ラーメンモデルの作製

① ラバースポンジを 50cm × 25cm の大きさにする（ラバー1枚の大きさによって適宜変更してよい）．図 2.1 のように，梁・柱とも約 1.5cm 幅となるように，ラバーに3層3スパンをけがく．梁高を除いた1層分の高さは約 6cm とし，底辺の部分は基礎として約 2.5cm 残しておく．

② 図 2.2 を参考にして，純ラーメン，連層耐震壁，ピロティ，それぞれのモデルの壁にあたる部分を残して，各層，各スパンの対応する部分を切り取る．

→壁の枠を越えて切りすぎないように注意する．この際，カッターの刃を長めに出し，鋸を引くようなかたちで引きながら切ると，比較的切りやすい．カッターの刃はつねに新しくし，切れ味が悪くなったらすぐ交換するとよい．

③ 白いポスカで，残した壁の部分を縁取る．また，頂部，2層目，1層目の変位測定位置を左側面にけがいておく．

④ 釣り糸を貼り付け，おもりをかける載荷点とする．図 2.3 のように，頂部の梁断面のほぼ中央にあたる右側面と左側面に，細い針金などで穴をあける．釣り糸の先端に瞬間接着剤を塗り，この穴にまっすぐ差し込み，接着して固定する．頂部の梁の上面にぴったり沿わせるように釣り糸の位置を整え，右側面から釣り糸をラバー模型に瞬間接着剤で貼り付けていく．梁の左端まで釣り糸を貼り付けたら，約 10cm 程度の輪になって釣り糸が左側に垂れ下がるようにし，接着用に余分を少しとって釣り糸を切る．右側面と同じように，釣り糸の先端を左側面に開けた穴に固定する．

⑤ 図 2.4 のように左側に輪の状態で垂れ下がっている釣り糸に，ゼムクリップを1つ付ける．

（2）土台の作製

① スチレンボードを図 2.5 のように切り出す．

② 方眼紙を横長にして，左から 5cm の目盛りのところに黒い縦線を引く．この線を各層の変

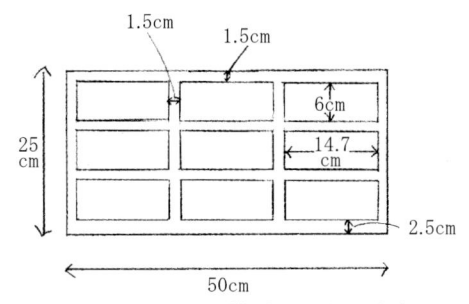

図 2.1 ラーメン模型の切出し寸法

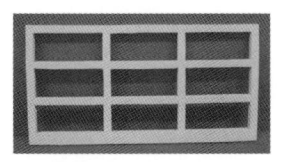

図 2.2 ラバーの切出し方

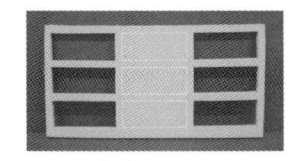

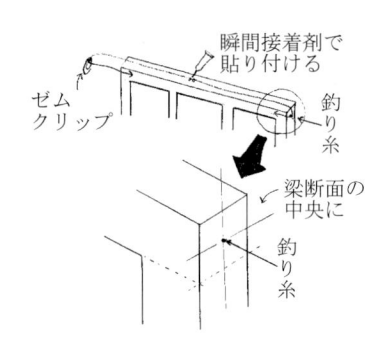

図 2.3 釣り糸の接着の仕方

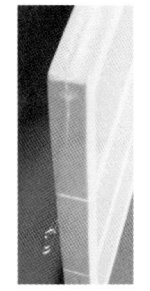

図 2.4 釣り糸取付け詳細

位を測るときの原点とする．
③　模型の背面になるパーツaに，方眼紙をスプレーのりで貼り付ける．スチレンボードと方眼紙の左端を合わせ，方眼紙がゆがんだり，しわが入らないように注意する．
④　切り出した部材を図2.6のように貼り合わせる．ラーメン模型を差し込む部分になるパーツc, dを貼り付ける際には，先に切り出したラーメン模型を実際に差し込んで，模型の幅に対して，若干きつめにスチレンボードを貼り付ける．
⑤　図2.7のようにバルサの丸棒の先端から5mm程度の位置にカッターをあて，円周1周分に浅い筋を入れる．適当な長さに切った木綿糸の中央をこの筋に合わせ，この筋に木綿糸を1周巻き付ける．
⑥　ラーメン模型を図2.8のようにセットし，おもりを掛ける釣り糸を水平にのばし，模型の左端から約2cmの位置を背面のスチレンボードに印付ける．図2.9のように，スチレンボードの印にバルサ丸棒の糸を付けていない方の先端をあて，スチレンボードの裏から画びょうで留め付ける．木綿糸をスチレンボードの上を通して，裏の画びょうの針に結びつけ，バルサ丸棒を固定する．バルサ丸棒がゆるんでしまうようであれば，接着剤で固定してもよい．

(3)　おもり入れの作製
①　工作用紙を図2.10のように切る．
②　釣り糸を一度ねじって交差させて，片結びにする．
③　釣り糸の交差部分を中央にして上に持ち，正方形の底面の4つ角にこの釣り糸をはさみながら，工作用紙を図2.11のように折り込む．適宜，セロハンテープで留め，図2.12のようなかたちにおもり入れを組み立てる．

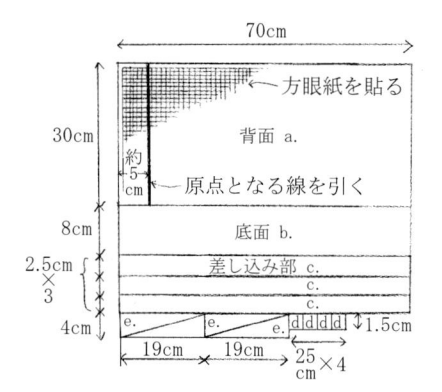

図2.5　土台の切出し方

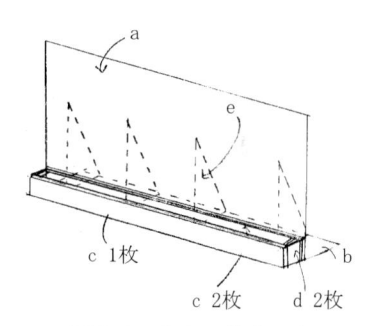

図2.6　土台の組立て方

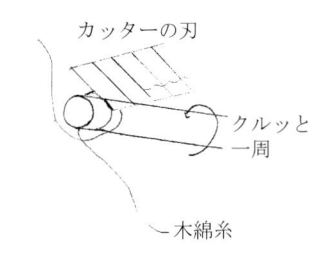

図2.7　バルサ材の組立て詳細

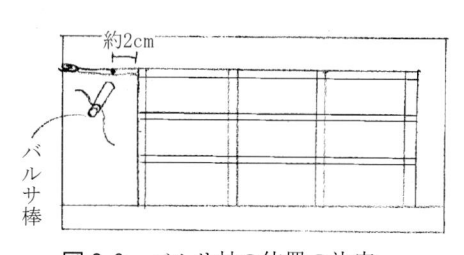

図2.8　バルサ材の位置の決定

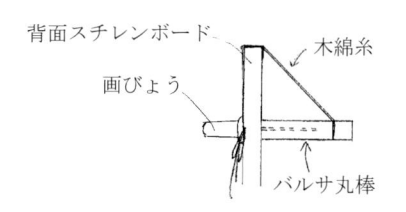

図2.9　バルサ丸棒と木綿糸の取付け方

結果の予想

① 載荷実験を行う前に，実験の結果を予想しよう．純ラーメンモデル，連層耐震壁モデル，ピロティモデルを，頂部変位の小さい順に並べてみよう．

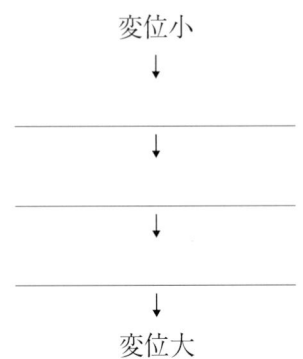

変位小

↓

―――――――――

↓

―――――――――

↓

―――――――――

↓

変位大

② 純ラーメンモデル，連層耐震壁モデル，ピロティモデルは，それぞれどんな変形をするだろうか？　考えてみよう．

載荷実験の実施

① 純ラーメンモデルの模型を土台の溝にセットする．方眼紙に引いた原点となる線に，モデルの左端が合うようにセットする．

② 釣り糸を土台のバルサ丸棒の上を通してバルサ丸棒の左側に垂らし，先端のゼムクリップにおもり入れをかける．

③ 図2.13のように，土台の溝にはめ込んだラーメン模型の基礎部分を手で押さえながら，載荷実験を開始する．

　→ラーメン模型の基礎部分を手でしっかりと押さえていること．浮き上がったり，外れていたりすると，正確な結果が得られない．

④ データシートに従って，まず5枚の10円玉をおもり入れに入れ載荷し，頂部，2層目，1層目の原点に対する変形量を読み取り，データシートに記録する．このとき，ラーメン模型やおもり入れが背面のスチレンボードなどにふれていないように注意する．

　→各階の変位は，目の高さを計測位置に合わせて読み取る．上や下から斜めに見ると誤差が大きい．

　その時々の柱・梁などの変形の状態もスケッチなどで記録しておくこと．

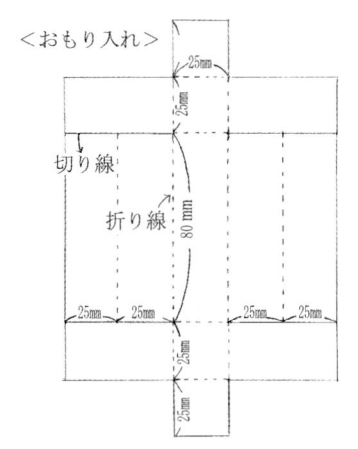

図2.10　おもり入れの切出し方

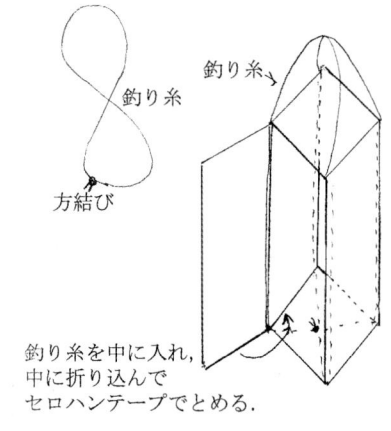

図2.11　おもり入れの組立て方

図2.12　完成したおもり入れ

図2.13　載荷実験の様子

⑤ 25枚まで載荷が終わったら，実験を行っていないモデルにラーメン模型を交換する．データシートに記載されている各モデルの所定の枚数ずつ10円玉を載荷し，それぞれ各層の原点に対する変形量と変形の形を記録する．

STEP 3　実験結果を理解しよう

結果の評価

実験結果をデータシートに記入し，各モデルについて，荷重と図3.1のような頂部，2層目，1層目の変位との関係をグラフにしてみよう．モデルの違いや各層の違いがわかりやすくなるように，線の種類などを区別する．

グラフを見ながら，次のようなポイントについて考えてみよう．

10円玉の載荷枚数と各層の変形量はどのような関係にあっただろうか？

頂部変位を比較した場合，どのモデルの変形量が一番小さかっただろうか？

モデルごとに頂部，2層目，1層目の変位を比較してみよう．各モデルによって，層ごとの変形量は異なるだろうか？

各モデルの変形の仕方にはどのような特徴があるだろうか？　層ごとの変形量との関係にも着目してみよう．

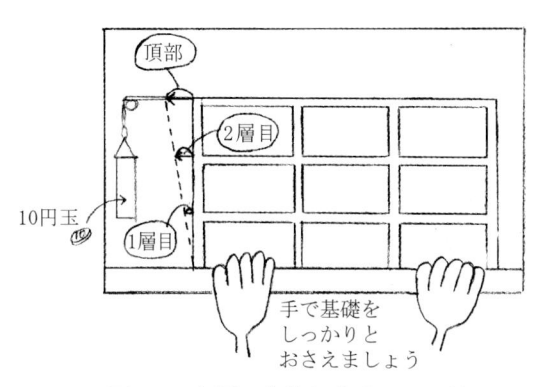

図3.1　各層の変位と荷重との関係

結果に対する考察

耐震壁を入れることで変形が小さくなる，すなわち剛性が高くなることは，この実験で体験できただろう．実際の壁の構造計算はやや難しいが，耐震要素としての壁にはこういった効果が期待されている．

また，壁は水平力に対して大変強く，主にせん断変形で耐える．それに対してラーメンは主に曲げにより変形するメカニズムであることも理解しよう．図3.2のように，純ラーメンモデルでは柱と梁の接合部の直角関係は保たれたまま，柱も梁もS字型に変形する．一方，耐震壁周囲の壁・梁はほぼ直線の状態を保っている．

このような耐震要素としての壁は，配置の仕方によって効果が違ってくる．層ごとの変形に着目すると，連層耐震壁モデルでは各層に均等に耐震壁が配置されているため，各層の変形の仕方もほぼ比例関係にあったはずである．ピロティモデルでは，耐震

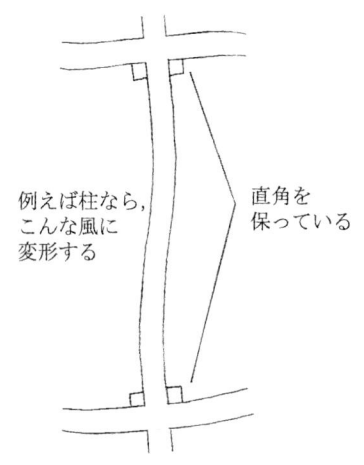

図3.2　柱と梁の変形

壁が2層目に偏っているため，2層目はほとんど変形しない一方で，耐震壁のない1層目，3層目ではかなり大きく変形しただろう．

実際の構造物において壁の配置を考える際には，各層の変形量にも着目し，偏りのないようにする必要がある．

STEP 4　理解を深めよう

図4.1のように，実験と同じ3層3スパンの構造物に3枚の耐震壁を入れる場合，どのように配置したら，頂部変位をもっとも小さくできるだろうか？理由を考えながら，壁の配置を考えてみよう．

自分の考えたモデルの形に，ラーメン模型を切り出して載荷実験を行い，結果を確かめてみよう．変形はもっとも小さくなっただろうか？

この実験は，ラーメン模型を切り出すだけで，さまざまなモデルの実験が手軽にできる．さまざまな配置のモデルを作製したり，図4.2のように対角線を残して3角形を切り出してブレース付きラーメンにしたりしてくふうをしてラーメンと耐震要素とのかかわり，剛性の変化をとらえてみよう．

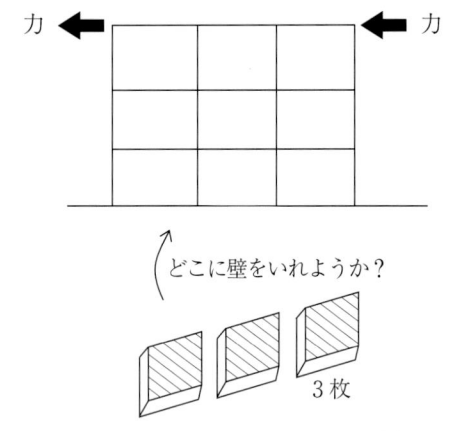

図4.1　壁の配置と変形との関係

図4.2　ブレースモデルの作成

付録　データシート

〈載荷実験の条件および結果〉（各層の変位）　　　　　　　　　　　　　　　　　　　　　　（単位：mm）

実験A　　荷重増分枚数：10円玉5枚　　最大載荷枚数25枚

純ラーメン	荷　　重	10円玉5枚			10円玉10枚			10円玉15枚			10円玉20枚			10円玉25枚		
	測定位置	頂部	2層	1層	頂部	2層	1層	頂部	2層	1層	頂部	2層	1層	頂部	2層	1層
	変　位															

実験B　　荷重増分枚数：10円玉10枚　　最大載荷枚数50枚

ピロティ	荷　　重	10円玉10枚			10円玉20枚			10円玉30枚			10円玉40枚			10円玉50枚		
	測定位置	頂部	2層	1層	頂部	2層	1層	頂部	2層	1層	頂部	2層	1層	頂部	2層	1層
	変　位															

実験C　　荷重増分枚数：10円玉10枚　　最大載荷枚数50枚

連層耐震壁	荷　　重	10円玉10枚			10円玉20枚			10円玉30枚			10円玉40枚			10円玉50枚		
	測定位置	頂部	2層	1層	頂部	2層	1層	頂部	2層	1層	頂部	2層	1層	頂部	2層	1層
	変　位															

・変形の形もメモしておきましょう．

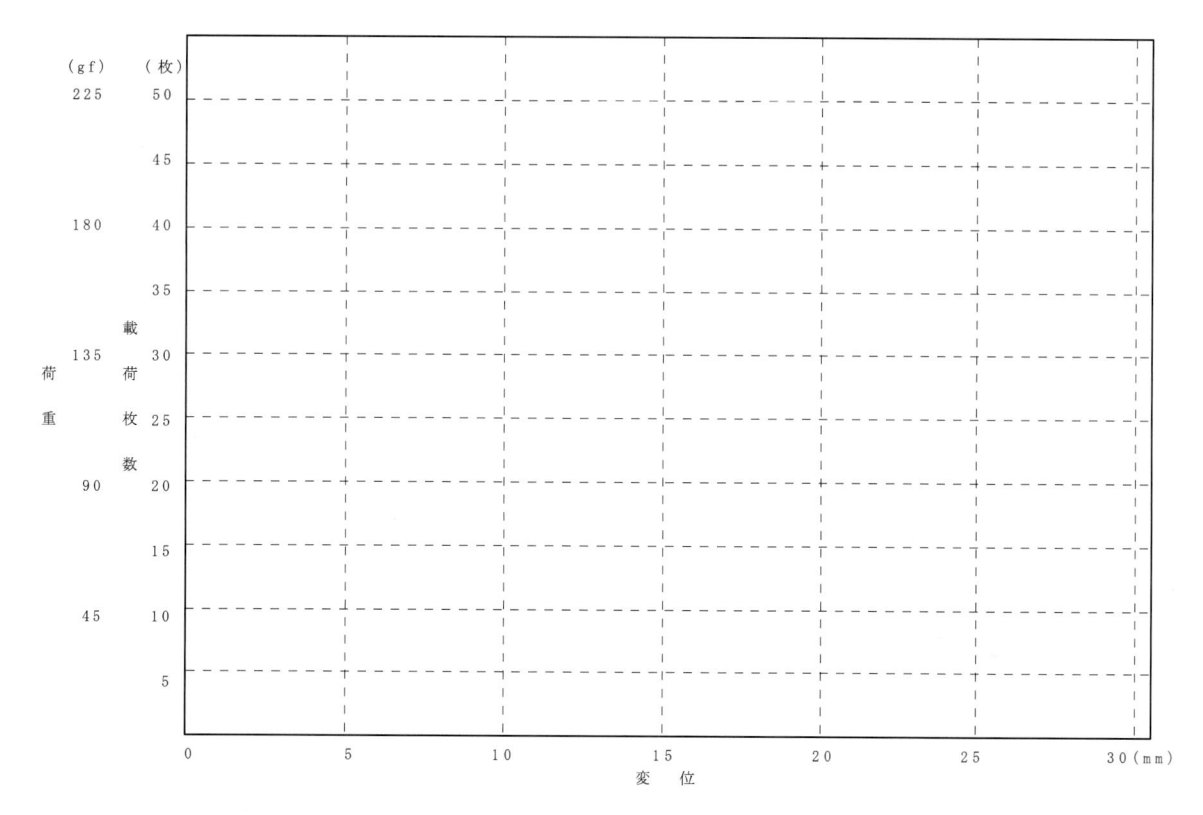

図　　各層の荷重－変位関係

III 形から学んでみよう
10. 糸を垂らしてみよう—ケーブル構造のしくみ

STEP 1 学習のねらい

・テンション材とは

　麻やわらをよりあわせた縄，あるいは植物繊維や毛皮を編んだ布は，石や木材とならび最古の建築材料といえるだろう．これらはつたやかずらで作られたつり橋や遊牧民のテントに，この例を見ることができよう（図1.1）．

　建築材料の性質という観点から見ると，縄や布は，石や木材とまったく違う性質を持っている．縄や布のように「引張力にしか抵抗できない」という性質（非抗圧性）を持つ材料あるいは部材は「テンション材」とも呼ばれている．ここで，テンションとは引張りという意味である．

　テンション材は引張力にしか抵抗できない代わりにいくつかの優れた性質を持っている．第一に，いくらでも大きなもの，長いものを作れるということ．次に自由に曲げたり折り畳んだりできること．このことにより，大きな部材を小さく収納したり，運搬したりすることが可能となる．さらにテンション材の内部には，引張応力しか生じないことから，部材の性能（耐力）を効率的に利用できることも挙げられる．これは圧縮に対する座屈が生じないこと，曲げに対して断面の縁で最大値を示すような応力度が発生しないことを意味している．この性質はいいかえれば小さい断面で大きな応力に耐えられることである．

　現代における代表的なテンション材として，ケーブルと膜材がある．ケーブルは鋼材を，膜材はポリエステルやガラス繊維をそれぞれ使用することにより，高い強度と耐久性を獲得した材料である．この2種類の材料を使用することにより，わが国で最初の約200mの無柱空間，「東京ドーム」が実現されたといっても過言ではない（図1.2）．

　テンション材としては，ケーブルや膜材以外にロッドやプレート，さらには細長比の大きな型鋼なども使用されることもある（図1.3）．

　本章では，テンション材の内，ケーブルやロッドなどの線状のもの（「ストリング」とも呼ばれる）を対象として，これらが形成する架構の基本的な性質について実験を通じて考えてみる．

・ケーブル構造とは

　高い強度の鋼線を束ねた近代的なケーブル（図

図1.1　祖谷のかずら橋

図1.2　東京ドーム（1988）

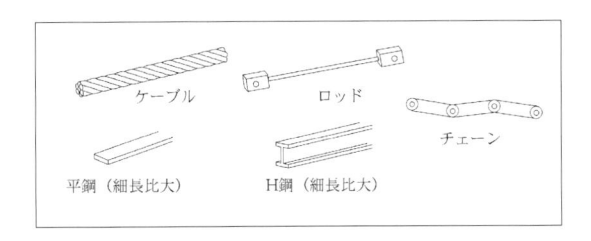

図1.3　テンション材の種類

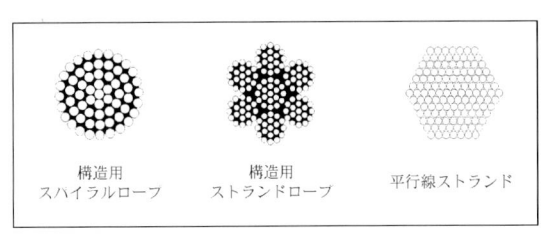

図1.4　代表的なケーブルの断面

1.4）は，1834年にドイツの鉱山技師 W.A. アルバートにより，最初に考案されたといわれている．その後，高強度の鋼の製造方法の開発が進められ，1883年には本格的なつり橋，ブルックリン橋がニューヨークに建設されている．この橋に使われたケーブルは，引張り強さが $12\mathrm{tf/cm^2}$ の亜鉛メッキされた鋼線から構成されている．ブルックリン橋における約487mというスパンは，このような高強度のケーブルによって初めて可能となったのである．この後，高強度のケーブルは橋の長大化に著しい貢献を果たしてきている．1998年に完成した明石海峡大橋では，引張り強さ $18\mathrm{tf/cm^2}$ のケーブルを用いて，スパン1990mが実現された（図1.5）．

ブルックリン橋（1883）
スパン 487m
$\sigma_b = 12\,\mathrm{t/cm^2}$

明石海峡大橋（1998）
スパン 1990m
$\sigma_b = 18\,\mathrm{t/cm^2}$

図1.5　ケーブルを用いた長大橋

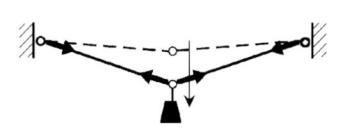

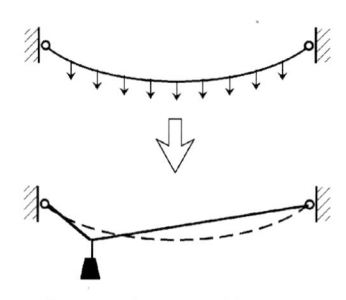

さて，ほかの構造と比べてケーブル構造の最大の特徴とはなにか．簡単にいえば，荷重を受けたときに形状が大きく変化し，さらにこの形状変化量は，ケーブルに生じている張力によって値が異なるという特徴である．力学的には「ケーブル構造の形状の変化（変形）には，一般の構造に見られる弾性伸びによるもの以外に，伸びをともなわない変形（伸びなし変形）も含まれる．」と表現できる（図1.6）．この性状は，ケーブルが引張力にしか抵抗できないという性質に関連している．

この特徴により，ケーブル構造の設計時には，特別な注意が必要となる．例えば，「デザイナーが望むどんな形態でも自由にできるとは限らない（図1.7）」，「想定される荷重に対して，荷重とケーブルに生じる引張力（張力ともいう）が釣り合っていることを確認する必要がある」や「構造物に想定した性質を発揮させるためには，構造物の完成状態に生じているケーブル張力を正確に発生させておく必要がある」などである．

本章では，主にケーブルの形状と荷重の分布や大きさとの関係を簡単な実験を通して体験し，ケーブル構造の基本的な性質を理解することを目的としている．

〈弾性伸びによる変形〉

〈伸びなし変形（弾性伸びは小）〉

図1.6　ケーブル構造の変形

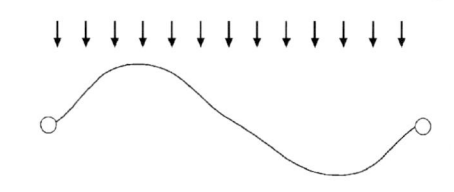

図1.7　ケーブルではこんな形はできない…

―用意するもの―

- ゴム（直径1mm程度の洋裁用のもの）
　　　　　　　　　：長さ50cm×1本
- たこ糸　　　　　：長さ50cm×1本
- S字フック（カーテンのつり金具でも可）：1個
- おもり1個（100gf程度のもの，つるためのひもを付けておく）

STEP 2　基本の形を理解してみよう

【実験 2.1】 とにかく引っ張ってみよう

＜目的＞

　引張りにしか抵抗できないテンション材の基本的な性質（力と伸びの関係）を体感してみよう．材料によって同じ力が加わっても伸びの量が異なることが分かればよい．

＜実験―やってみよう＞

① ゴムの片端にＳ字フックを結びつける．
② Ｓ字フックにおもりのひもを掛けて，おもりを支えた手をゆっくり下げ，おもりから手を離してみる（図2.1）．
③ おもりのゆれがおさまったら，「おもりがどうしてつられているのか」について考えてみよう．
④ たこ糸を，①のゴムと同じ長さに切る．
⑤ たこ糸の片端に輪を作り，Ｓ字フックを付ける．
⑥ ②と同じようにして，おもりをつるしてみる．
⑦ おもりをつった後の長さについて，ゴムとたこ糸を比べてみよう．

＜考えるポイント＞

① 「おもりがつられて空中にとどまっている」ということは，「おもりの重さと同じ大きさの力でおもりを上に持ち上げている」と考えることができる（図2.2）．この力は，ひもを支える手にも感じることができたであろう．では，この持ち上げる力は，どこから生まれているのだろう．実はテンション材の伸びが，源である．物体が伸ばされると，その伸びを元に戻そうとする力が物体内に生じるのである（図2.3）．この生じる力は伸ばされる量が大きいほど，大きくなる．このとき伸び量と生じる力は比例すると考えてよい．この現象は，ばねにおける伸びと反発力の関係にも見ることができる．

② 伸び量と，これによって生じる力の関係は，物体によって違う．上の実験では，同じおもりをつるしたときの伸び量が，ゴムに比べてたこ糸のほうがかなり小さいことが観察できたであろう．いいかえれば，たこ糸はおもりの重さと同じ大きさの力（引張力）を，ゴムに比べて小さな伸びで生み出すことができるのである．

③ 引張力に対する伸びにくさを表す量は「伸び剛性（ごうせい）」と呼ばれる．「剛性」とは，硬

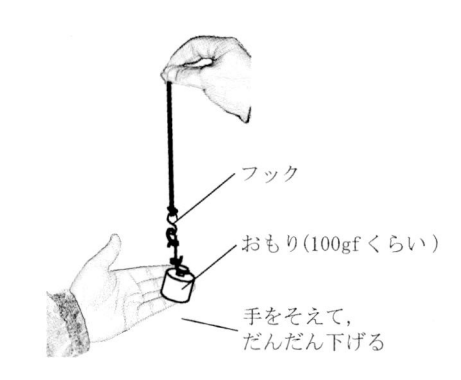

図 2.1　実験 2.1

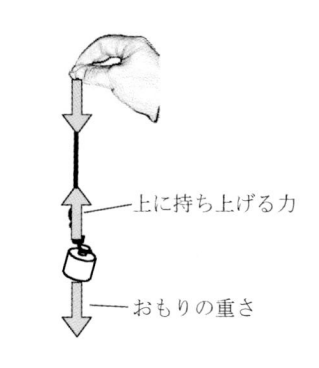

図 2.2　おもりがつられる仕組み

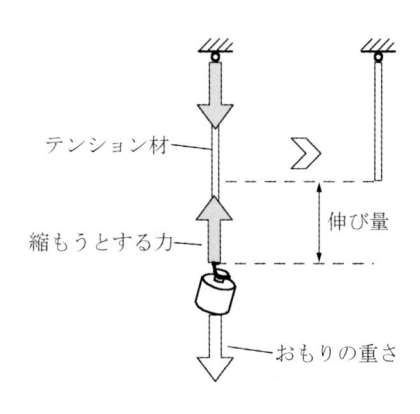

図 2.3　ゴムの伸びと引張力の発生

さを表す量と考えておけばよい．伸び剛性は，物体の材料ごとに決まる量（E：たこ糸のほうが，ゴムより大きい）と，物体の断面積（A：物体を切ったときの切り口の断面積）との掛け算で表される．ここで，材料ごとに決まる量は「ヤング係数」と呼ばれる．すなわち，伸び剛性は次式で表現できる．

$$伸び剛性 = EA \qquad (式2.1)$$

④おもりの重さと伸び量の関係は，③の伸び剛性以外に，物体の元の長さにも比例する．例えば，上の実験で，長さが50cmのゴムと1mのものの比較をしてみるとよい．長さが2倍になると，同じおもりをつるしたときの伸びが，長くなるのが理解できる（図2.4）．

⑤③と④をまとめると，伸び量とおもりの重さの関係は次のように書くことができる．

$$\Delta l = \frac{Pl}{EA} \qquad (式2.2)$$

ただし，Δl：伸び量
　　　　l：元の長さ
　　　　P：おもりの重さ
　　　　EA：伸び剛性〔(2.1) 式を参照〕

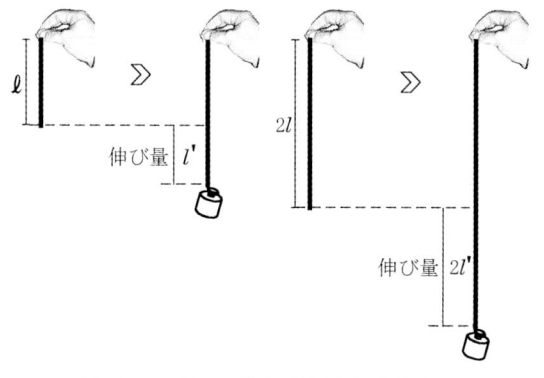

図2.4　ゴムの長さが2倍になると…

【実験2.2】　荷重と伸びの関係
＜目的＞

最も単純なケーブル構造に対して，おもりの重さ（荷重）と伸びの関係を求めてみる．部材に2つの材料（たこ糸，ゴム）を用いて，これらの違いについて観察する．

この実験は【実験2.1】を数値化することと，たこ糸とゴムの基本特性（伸び剛性：引張力と伸びの関係）を求めてみることを目的とする．後者の結果は，後述の実験で利用する．

用意するもの

・たこ糸：50cm×1本
・ゴム（直径1mm程度）：50cm×1本
・おもり：100gf×3個，500gf×3個
　　　　　（つるためのひもを付けておく）
・A2程度の木製パネル
・方眼紙（木製パネルに貼り付け）
・ヒートン
・S字フック（【実験2.1】と同じもの）
・リング（直径5mm程度）

<実験方法>
①長さ50cmのたこ糸の両端にリングを取り付ける．
②方眼紙を貼り付けた木製パネル上のヒートンに，たこ糸の片端のリングを取り付ける．
③たこ糸の下端リングにおもり(500gf)を加えて，糸の長さを測定する（図2.5）．
④おもりを2個，3個と増やしたときの長さを同様に測定する．
⑤図2.6のようなグラフを描く．
⑥ゴムに対して，100gfのおもりを用いて①～⑤と同様なグラフを描く．ただし，この場合，おもりを掛けていないときの長さは測定しなくてよい．

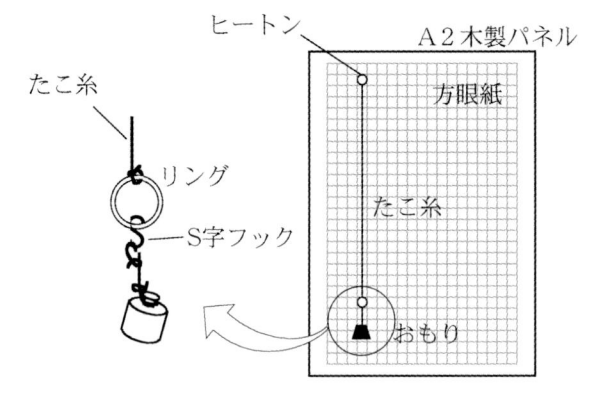

図2.5 実験2.2

<考えるポイント>
実験2.1で述べた伸び剛性 EA は，グラフ上でどのように表されているか考えてみよう．グラフの傾きは，P（おもりの重さ）を Δl（伸び量）で割った値に相当するため，(2.2)式より次のように書ける．

$$\frac{P}{\Delta l} = \frac{EA}{l} \quad \text{(式2.3)}$$

いいかえれば，傾きが大きいほど伸びにくいことを意味している．たこ糸がゴムの何倍伸びにくいか，グラフから読み取ってみよう．

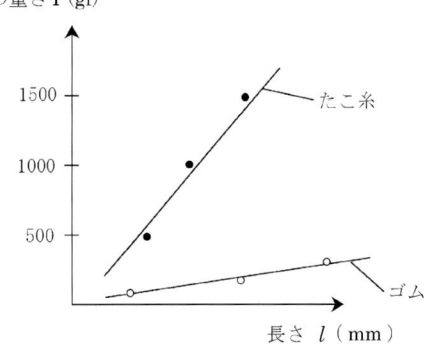

図2.6 おもりの重さと長さの関係

STEP 3 しくみの理解を深めよう

【実験3.1】 サグと張力の関係

<目的>
このステップからは，テンション材を横方向に架けわたした場合について考えてみよう．前ステップに比べると建築物や橋のイメージに近づいた感じがするであろう．このステップでは，同じ重さのおもり（荷重）を支える場合，ケーブルの形によって引張力がどのように変化するか，について観察する．ここでケーブルの形をスパン（架けわたした長さ）とサグ（スパン中央のケーブルの下がり量）で表し

用意するもの

・木製パネル，方眼紙，ヒートン，S字フックは，実験2.1と同じものを使用
・ゴム(直径1mm程度のもの)：長さ1m×1本
・おもり：100gf×1個

てみる．

＜実験方法（図3.1，図3.2）＞
① ゴムの両端にリングを結び付ける．このリングをヒートンに引っ掛け，中央点におもり（100gf）をつるす．
② スパン L を20cmから100cmまで，10cmずつ変化させ，それぞれの場合のサグ（両端の支点位置を結ぶ線とゴム中央点の鉛直方向の距離）を測定する．
③ ②で得られたスパンとサグから，ゴムの端部と中央点の間の距離（変形後の長さ）を計算で求める．
④ STEP 2実験2.2の実験結果を用いて，③で得られたゴムの長さから引張力を求める．
⑤ 引張力（T）とサグ・スパン比（f/L）の関係をグラフにしてみよう（図3.3）．

＜考えるポイント＞
2人で荷物を持つ場合を考えてみる．第1章を見ていただければよい．荷物を持つ手の傾きが，水平に近づくほど，腕を引っ張る力が大きくなることが感じられるであろう．この現象がグラフから読み取れるであろうか．グラフの横軸がケーブルの傾き（1章の場合は腕の傾き）を表しており，この値が小さくなるとケーブルが水平に近づくことを意味している．

【実験3.2】 おもりが作る形（1）
＜目的＞
ケーブル構造では，おもり（荷重）の位置や大きさにより，ケーブルの形が変化する．ここでは，無張力時の長さが一定のケーブルに色々な荷重をつり下げてみて得られる形状を観察してみる．

＜実験方法＞
① 両端のリングを，ボード上のヒートンにかける．

用意するもの

・木製パネル・方眼紙・ヒートン・S字フック，リングは実験2.1と同じものを使用
・試験体：たこ糸とリングを用いて，図3.4のような試験体を作る
・おもり：100gf × 5個

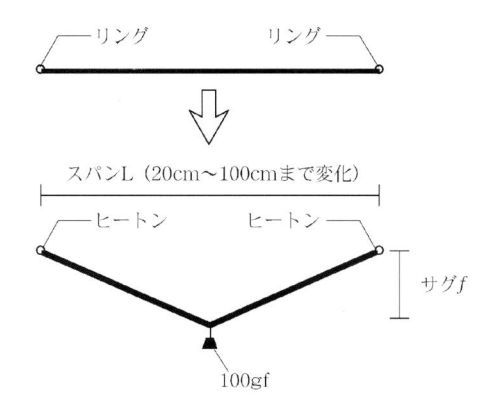

図3.1　実験3.1

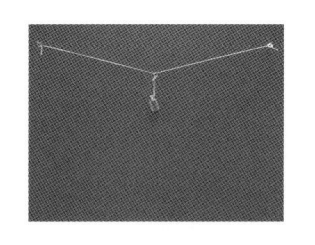

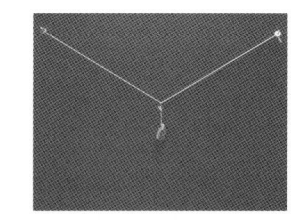

図3.2　実験状況（実験3.1）

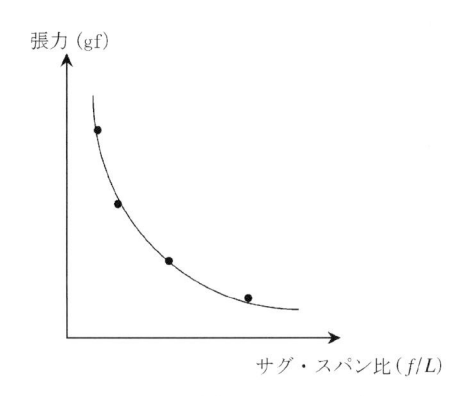

図3.3　張力と形状の関係

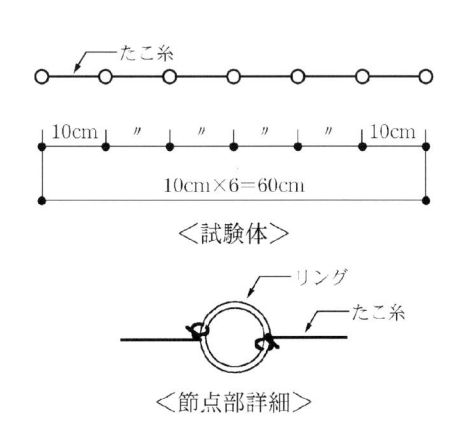

図3.4　実験3.2の試験体

ヒートン位置は，スパン 54cm と 59cm の2種類用意する．
② 所定の位置におもりを掛け，各節点（リング）の座標（水平・鉛直変位）を測定する．荷重モードは図3.5の7種類とする．実験の例を図3.6に示す．
③ 各節点の座標に基づいて形状を紙の上に描き，さらに各部材の角度を求める．
④ 示力図を描いて，各部材の引張力を求める．示力図は少し難しいかもしれないが，次に示す方法に従って描いてみよう．

＜示力図の描き方（図3.7）＞
① 最初に実験で得られたたこ糸の形を描き写す．このとき，荷重の大きさを矢印の長さで表して（例えば 100gf を 1cm の長さとするなど），おもりの位置に描いておく．この図を「連力図」と呼ぶ．
② 連力図と別の場所に，荷重をつなげて描く（連力図の一番左の荷重を同じ長さで描いた後，これにつなげて左から2番目の荷重を描く）．この図が「示力図」になる．
③ 連力図上でたこ糸ⓐとⓑの交点にある荷重に対して，示力図上ではⓐとⓑに平行な2つの直線にはさまれるように，ⓐとⓑを描く．別の荷重についても同様に示力図上に直線を描く．このとき，示力図上の直線はある1点Oで交わることが理想である．
④ 示力図のⓐ，ⓑ，…の直線の長さが，連力図のⓐ，ⓑ，…のたこ糸の引張力の大きさを表している．例えば①で荷重 100gf を 1cm で表した場合，直線の長さが 1.5cm のとき，引張力は 150gf となる．

＜考えるポイント＞
① 荷重の位置を変えずに，大きさだけを変化させた場合と，総荷重が同じで荷重の位置を変化させた場合の2ケースについて，形状の変化量を比べてみよう．ケーブルの引張力は前者のほうが大きく変化するにもかかわらず，形状については，後者のほうが大きく変化する．このことは，ケーブル構造において，ケーブル自身の伸びによる変形だけでなく，伸びをあまりともなわない変形も大きいことを意味している（図3.8）．

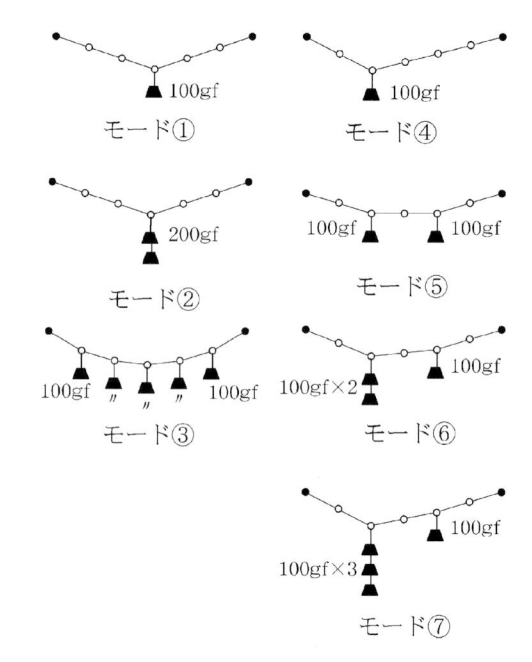

図3.5 荷重モード【実験3.2】

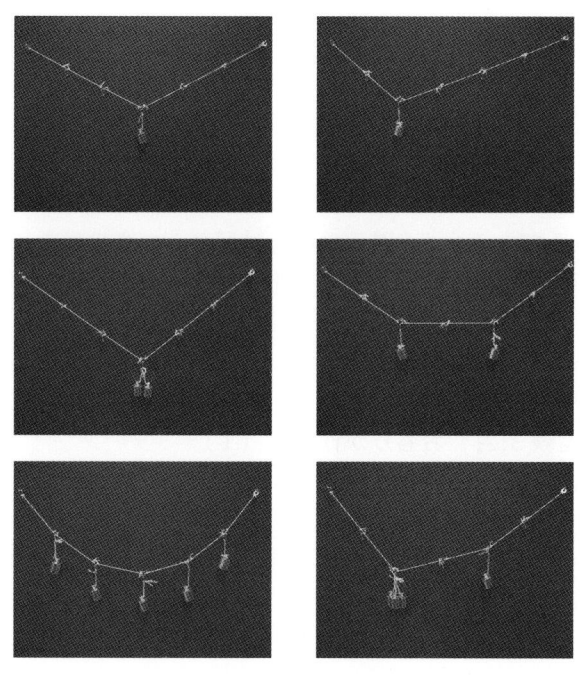

図3.6 実験状況【実験3.2】

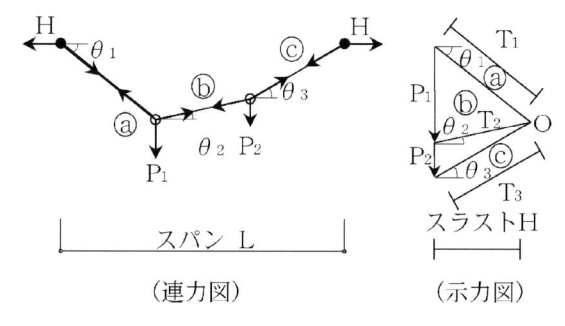

図3.7 示力図の描き方

②荷重の位置が増えると，ケーブルの形状は放物線に近くなる性質がある．実験で得られた形状と放物線を比較してみよう．

③示力図上で各ケーブルを表す直線の交点Oと荷重を表す矢印の間の水平距離は，両支点部（ヒートン位置）の水平方向の反力（スラスト）を表している（図3.7）．スパンが異なる2ケースについて同じ荷重（大きさと位置が同じ）を受ける場合の，ケーブル形状とスラストの大きさを比較してみよう．実験3.1と同様，スラストの大きさとサグ・スパン比が反比例する性状が得られるか確かめてみよう．

【実験3.3】　おもりが作る形（2）

＜目的＞

ケーブル構造の両端部の張力を一定とした場合について，【実験3.2】と同様の検討を行う．この場合，【実験3.2】と異なり，荷重の大きさやモードにより，ケーブルの長さは変化する．

＜実験方法（図3.10，図3.11）＞

① 50cmの間隔をあけて，2つの滑車を取り付ける．
② 試験体aを滑車に通し，両端に500gfのおもりを架ける．
③ 中央のリングに100gfのおもりを加え，中央点の座標（下がり量）を測定する．
④ おもりを，400gfまで100gfピッチで増加させ，③と同様の計測を行う．
⑤ 試験体bについても，②〜④と同様の実験を行う．おもりは，2点に同量を加える．
⑥ 計測結果に基づき，たこ糸の形状を描き，さらに部材の角度を求める．
⑦ 示力図を描き，示力図とたこ糸の形状を比較し（示力図の描き方を次項に示す）$\theta = \phi$ が成立するか確認する．

> **用意するもの**
>
> ・木製パネル，方眼紙，S字フック，リングは実験2.1と同じものを使用
> ・おもり：100gf×3個，500gf×2個
> ・滑車：2個
> ・試験体：たこ糸とリングを用いて図3.9のような2つの試験体を作る

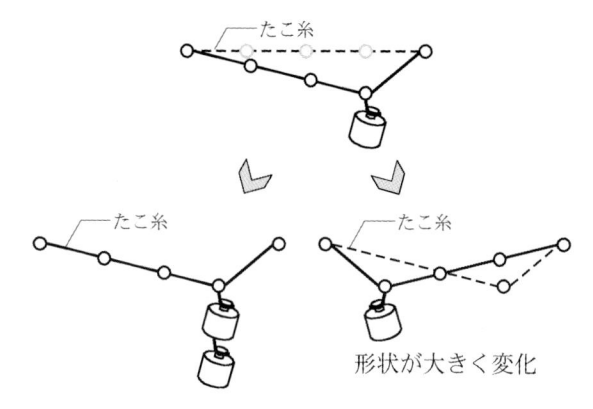

図3.8　ケーブルの変形

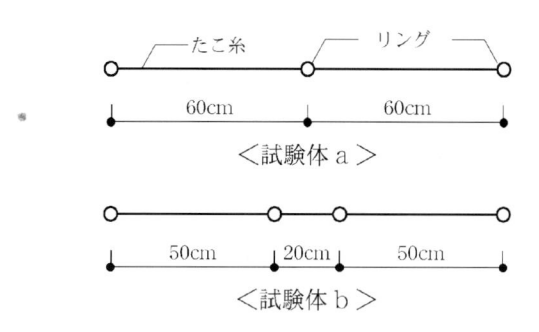

図3.9　実験3.3の試験体

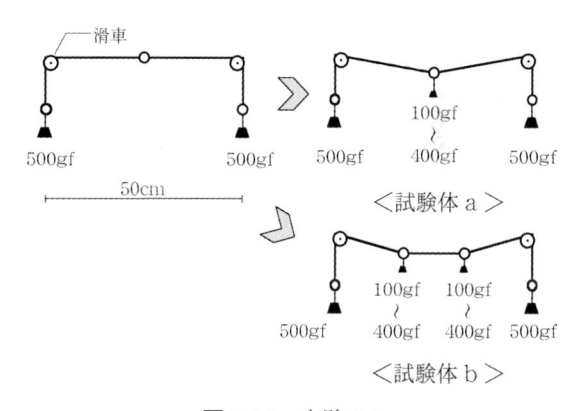

図3.10　実験3.3

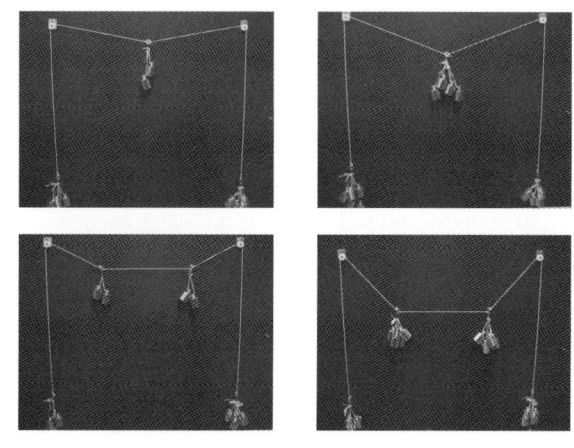

図3.11　実験状況【実験3.3】

72　力の種類とその効果

<示力図の描き方>

本実験の示力図は，【実験 3.2】と手順が少し異なる．示力図上で荷重を描いた後に，荷重の始点と終点を結ぶ直線を底辺とし，ほかの 2 辺が 500gf（ケーブル端部張力）に相当する長さを持つ二等辺三角形を描き，頂点 O を求める．頂点 O と，各荷重の始点あるいは終点を結ぶ直線の傾きを比較してみよう（図 3.12）．

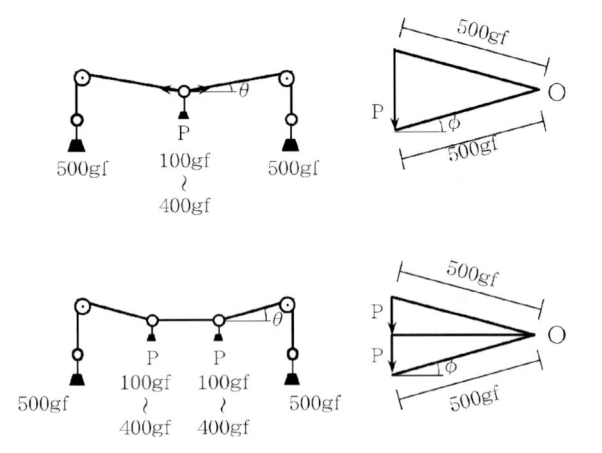

<考えるポイント>

【実験 3.2】と【実験 3.3】は，ケーブルの形状を決定する種々の要因を調べることを目的としたものである．【実験 3.2】が部材の元の長さを一定にしているのに対し，【実験 3.3】が部材の端部の張力を一定にしていることに注目してほしい．ケーブルの形状は，荷重の大きさと位置，スパン，ケーブルの長さ，ケーブルの張力によって定まることを理解していただけるとよい．この点が，ほかの構造（例えば梁，柱，壁，アーチなどの「かたい構造」）とは大きく異なる点である．いいかえれば，ケーブル構造では，「望むどんな形でも表現できるとは限らない」のであることを理解してもらいたい（図 1.7）．

図 3.12　示力図（$\theta = \phi$ になるだろうか？）

STEP 4　実例への応用

建築分野におけるケーブル構造の本格的なスタートは，ブルックリン橋から遅れること約 100 年後のブラッセル万博（1985）といわれている．ケーブル構造が建築分野で普及したのは 1980 年代に入ってからである．欧米における大規模スタジアムでは，ケーブルが大量に使用されており，ケーブルが大スパン建築に欠かせない材料として，すでに位置付けられていた．

わが国では，ケーブル構造の世界的名建築，代々木オリンピック競技場が 1964 年にすでに完成している．当時，その設計技術や独創性の高さ，さらに構造と造形の見事な融合は，国際的な注目を浴びた．にもかかわらず，ケーブル構造の普及は東京ドームの出現（1988）を待つことになる．その後のドームやスタジアムには，ケーブルが数多く用いられている（図 4.1）．最近では，大規模なガラス・ファサードの支持構造にも適用事例が見られるようになってきている．すなわちケーブルを使用することにより，構造や施工面で合理的に経済的な架構が実現すること，さらに魅力的な構造表現や造形美が得られることが，社会的にようやく認知されてきたとも考えられる．

<代々木競技場(1964)> 　<グリーンドーム前橋(1990)>

<出雲ドーム(1992)> 　<静岡スタジアム・エコパ(2001)>

図 4.1　わが国のケーブル構造

ちからとかたち　73

付録　データシート

・STEP 2 【実験 2.1】

	[A]もとの長さ(mm)	[B]おもりをつるした時の長さ(mm)	[B]−[A]伸び(mm)
ゴ　ム			
たこ糸			

・STEP 2 【実験 2.2】

たこ糸[長さ 50mm]		ゴ　ム	
おもり	長さ(mm)	おもり	長さ(mm)
500gf		100gf	
1000gf		200gf	
1500gf		300gf	

・STEP 3 【実験 3.1】

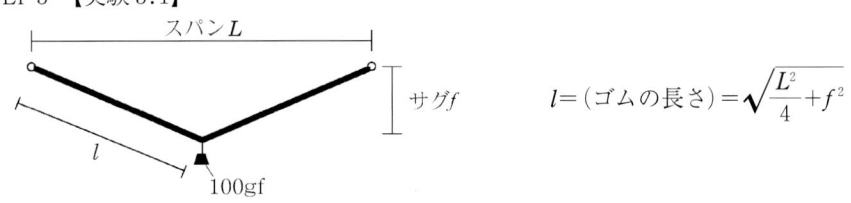

$$l = (ゴムの長さ) = \sqrt{\frac{L^2}{4} + f^2}$$

スパン L (cm)	サグ f (cm)	ゴムの長さ l (cm)	引張力(gf)
20			
30			
40			
50			
60			
70			
80			
90			
100			

- STEP 3 【実験 3.2】

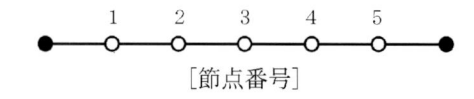

[節点番号]

モード	スパン (cm)	節点1		節点2		節点3		節点4		節点5	
		x	y	x	y	x	y	x	y	x	y
モード① (100gf)	54										
	59										
モード② (200gf)	54										
	59										
モード③ (100gf ″″″ 100gf)	54										
	59										
モード④ (100gf)	54										
	59										
モード⑤ (100gf 100gf)	54										
	59										
モード⑥ (100gf×2 100gf)	54										
	59										
モード⑦ (100gf×3 100gf)	54										
	59										

- STEP 3 【実験 3.3】
  ≪試験体 a≫

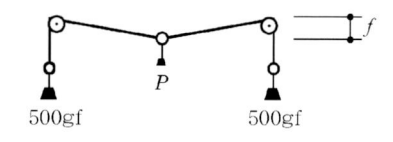

おもり P(gf)	下がり量 f(cm)
0	
100	
200	
300	
400	
500	

≪試験体 b≫

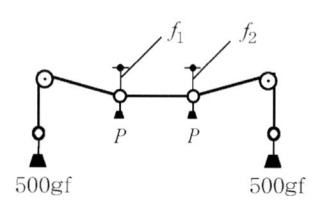

おもり P(gf)	下がり量 f_1(mm)	下がり量 f_2(mm)	f_1 と f_2 の平均(mm)
0			
100			
200			
300			
400			

III 形から学んでみよう
11. ものを積み上げてみよう―アーチ構造のしくみ

STEP 1　学習のねらい

　人間はものを積み上げて空間を創り上げてきた．代表的構造としてアーチ構造があげられる．アーチ構造は，紀元前のエジプト・イラクに起源を持ち，ローマ時代には大規模な橋や高架水路が建設されるなど，古い歴史を持っている．紀元前62年に建設され現在も使用されている石造アーチ橋（ローマ市内ファブリチオ橋）を図1.1に示す．

　初めに紙によるアーチ，次にテニスボールによるアーチ，最後に実際のアーチの形状に近いスチレンフォームブロックによる組積アーチの実験を行い，アーチ構造を理解しよう．最後にアーチ構造を発展させた懸垂曲線アーチを糸と消しゴムによって作ってみよう．

図1.1　ローマ時代建設の石造アーチ橋

STEP 2　基本の形を理解してみよう

【実験2.1】　紙による梁とアーチ

　紙（薄い名刺等）により，図2.1に示すように，梁とアーチの2種類の構造を作り，それぞれの中央部に10円硬貨を載せて，耐え得る重さ（荷重）を比較しよう．

　梁の実験は，支持点とするブロックに紙の両端それぞれが2mm程度のる状態にして，梁中央部に硬貨を載せる．アーチの実験は，梁の実験で使用した支持ブロックを動かさないでそのままに置いて，図に示すように，これらの支持ブロック間に紙をアー

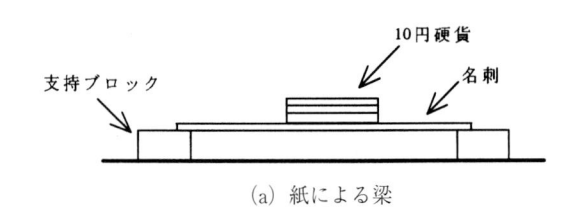

(a) 紙による梁

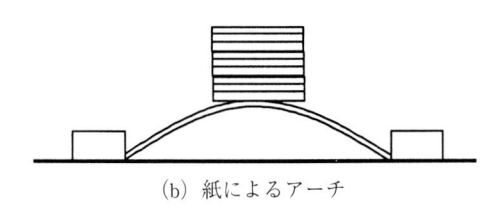

(b) 紙によるアーチ

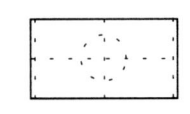

支持部、載荷部の目印

図2.1　紙による梁とアーチ

―用意するもの―

【実験2.1】　紙による梁とアーチ
　紙（薄い名刺 55mm×90mm×厚さ0.15mm，2枚，ケント紙や模造紙を使用してもよい），10円硬貨（重さ4gf，直径23.5mm，30枚），両面接着テープ（10円硬貨接着用）

【実験2.2】　テニスボールによるアーチ
　テニスボール5個，ブックエンド2個，厚紙，セロテープ適量

【実験2.3】　スチレンフォームによる組積アーチ
　スチレンフォーム（50mm×30mm×330mm，後に9個に切断），おもり（5円硬貨，3.5gf，厚さ1.5mm，400枚），とじひも（長さ400mm，3本），スチレンカッター，三角定規（直角確認用），カット時の当て木（台幅より長い部材カット用）

【実験3】　糸と消しゴムによる懸垂曲線アーチ
　消しゴム（22mm×73mm×11mm，5個，後に10mm×10mm×10mmの24個に切断），カッター，糸（ボタン付け用長さ1000mm，1本），縫い針（長さ60mm，1本），ベニア板（300mm×300mm×9mm，1枚），透明板（300mm×300mm×2mm，1枚），画びょう（長さ40mm，2個），紙粘土（各ブロック間の詰め物および基礎に使用，300gf），水皿（紙粘土の硬さ調整用），ビニールシート（紙粘土練り用）

共　通　支持ブロック（125mm×50mm×25mm，2個，実験2.1，2.3で使用），スケール（300mm），カメラ，筆記用具

チ状に差し込んで，反りの高さ（ライズ）を 15mm 程度とする．この状態で，紙の上部中央を指で押してみて，紙の両端が均等に支持されているかを確認するとよい．2 個の支持ブロックが平行でなかったり，紙が均等に支持されていなかったりすると，紙を指で押したとき紙がひずんでたわむことが確認できる．

載荷の前に，耐えられる枚数に近い硬貨を両面テープで貼り付けておくとよい．硬貨の載荷の時，衝撃を与えないように静かに載せるとよい．

この実験例では，梁の耐え得る荷重は 10 円硬貨で 6 枚であり，これに対してアーチの場合は 18 枚となっている．アーチは梁に対して 3 倍の荷重に耐えることができた（図 2.2）．アーチには，紙の厚さ部分に圧縮力が働いて，曲げ応力（紙を曲げようとする力）とせん断応力（紙をちぎろうとする力）が小さいのに対して，梁は，曲げ応力とせん断応力が大きくなり，このような結果を示している．また，アーチは図 2.3 に示すように，ライズが浅いほど水平方向の分力が大きい．

【実験 2.2】 テニスボールによるアーチ

テニスボールによるアーチの実験を，図 2.4，図 2.5 に示すように行ってみよう．

3 個のボールをアーチの形状に積み重ねる．2 つのボールの上に，1 つのボールを載せることができるであろうか．2 つのボールの間隔にもよるが，上にボールを載せた状態を維持できず，下側の 2 つのボールが移動して左右に開いてしまうであろう．では，下側のボールが左右に動かないように，ボールの左右にブックエンドを置いてみよう．

ボールの左右をブックエンドで支えることで，下側の 2 つのボールが開こうとする力に対して反作用の力が働く．これで，すべての力が釣合い，アーチができあがる．

このアーチにおける力の釣合いは，アーチを形作るそれぞれのボールに作用する力を矢印で描くことにより，表すことができる．

上のボールには，図 2.6 に示すように，①ボールの自重がボールの中心から鉛直下向きへの力，②左下のボールからの力，③右下のボールからの力，が作用している．

これら①〜③の力が釣り合うことで，上側のボールは安定した状態を保っている．この中で，②と③の力は，2 つのボールが接する接線に対して垂直方

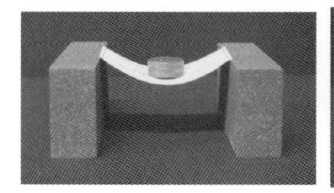

図 2.2 10 円硬貨載荷実験【実験 2.1】
(a) 梁
(b) アーチ

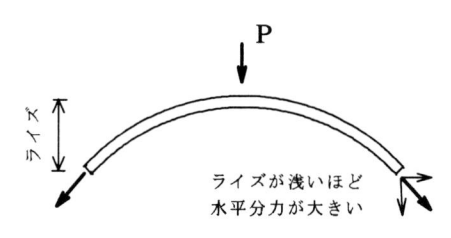

図 2.3 アーチのライズと水平分力との関係

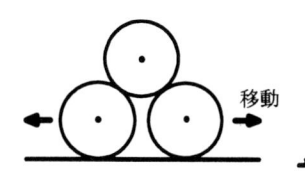

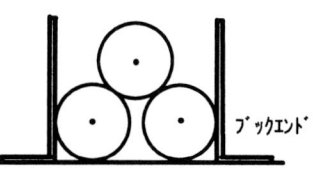

図 2.4 ボール 3 個の積み重ねによるアーチ
(a) 積み重ねによる移動
(b) ブックエンドによる支持

図 2.5 テニスボールアーチの実験【実験 2.2】

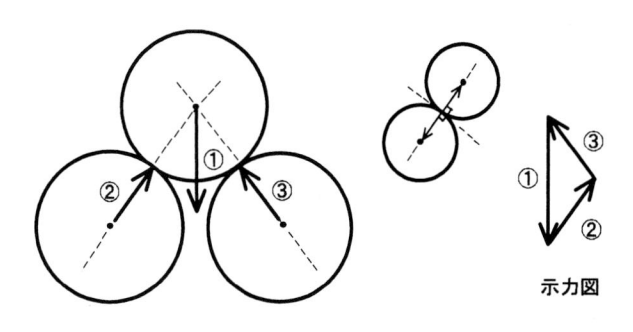

図 2.6 上側のボールに作用する力の釣合い

向のみに働く．わずかでも角度があると，1点で接しているボールは滑ってしまう．

①の力は大きさも方向も分かっているが，②と③の力の大きさは分からないが，方向が分かっている．①〜③の力を表す矢印を順番につなぎあわせて，力が釣り合っているということは，矢印の出発点と終点とが一筆書きのように同じところに戻ってこなければならない．このように，図を描いてみると，②と③の力の大きさと向きが1つに定まることが分かる．これらの，ある物体に作用する力のすべてを矢印で示した図を示力図と呼んでいる．

すべての力が釣り合って，最初の矢印の始点と最後の矢印の終点が同じ位置となり，一筆書きのように戻ってくることを，示力図が閉じると呼んでいる．示力図が閉じていれば，すべての力で釣り合っていることを示している．

示力図を描くことで，ある物体にどのような力が作用しているか，力を釣り合わせるためにはどのような力を加えたらよいか，などを知ることができる．

次に，図2.7に示すように，アーチの左下のボールに作用する力の示力図を考えてみよう．

左下側のボールには次に示す力が作用する．④上側のボールからの力②に対しての反作用の力が生じる．⑤ボールの自重が中心から鉛直下向きに作用する．⑥机からの，ボールの自重（1.5個分）に対する反作用の力が作用する．⑦ブックエンドからの，ボールが左側に移動しようとする力の反作用力が作用する．

ここには描いていないが，右下側のボールには，左下側のボールと左右対称に4つの力が作用している．左右のボールともに，④〜⑦のいずれの力が欠けても，力が釣り合わないことが分かる．すなわち，この例ではブックエンドの支えがなければ，⑦の力がなくなり，下側の2つのボールが移動して左右に開いてしまい，アーチの形状が崩れてしまう．

下側の2つのボールの間隔が狭い場合と広い場合を考えてみよう．間隔が狭い場合,摩擦の影響でブックエンドの支えがなくともアーチの形を保つことがあるが，広くすることにより簡単に崩れてしまう．

この状態も，示力図を考えることによって原因が理解できるであろう．上下のボールの角度が異なることによって，上側のボールから下側のボールに伝わる力がどのように変化するだろうか．また，下側の2つのボールが左右に開こうとする力はどのように変化するだろうか，考えてみよう．

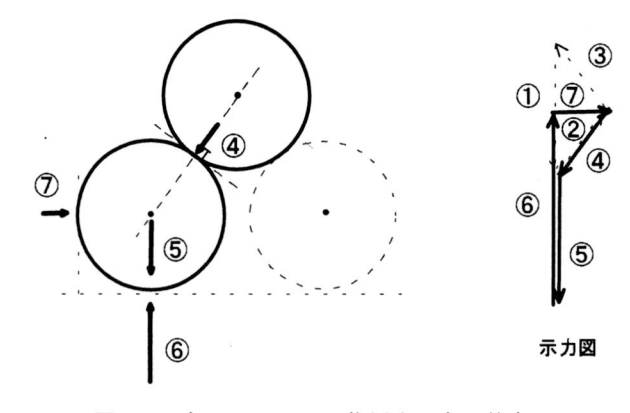

図2.7　左下のボールに作用する力の釣合い

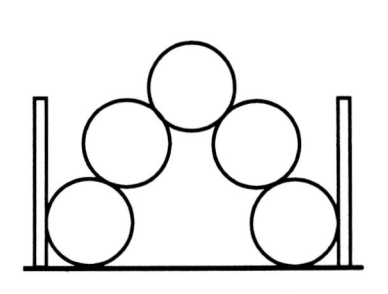

図2.8　5個のボールによるアーチ

最後に，5つのボールを使ってアーチを作り（図2.8），それぞれのボールにどのような力が作用しているかを，示力図を描いて考えてみよう．

【実験2.3】 スチレンフォームによる組積アーチ

実際のアーチ構造に近いアーチをスチレンフォームで作り，おもりを載せて実験を行い，アーチ構造を理解しよう．

(1) 製作手順と注意点

図2.9に示すように，9個のブロック（迫り石）をスチレンフォームで作る．各ブロックの幅（奥行き）はいくらでもよいが，アーチに組み立てたとき，長すぎたり，短かったりするとブロック間の接合面でのかみ合わせが滑らかとならないため，この実験例では50mmとしている．

製作手順　各ブロックは，図に示すように，断面30mm×40mm，長さ50mmのブロックをまず作り，次に30mmとする辺の両端それぞれを5mm切断して作ることができる．この切断は，ブロックに切断位置を記入して，これに合わせてスチレンカッターの切断ニクロム線の角度を調節して行えば容易である．ブロックの作り方として，断面30mm×50mm×320mmの角柱を図2.9に併記しているように切断してもよい．

ブロックを直角面で切断したいとき，切断の前に，スチレンカッターの切断用ニクロム線が台に直角になっていることを三角定規で確認するとよい．なお，スチレンフォームを急いで切断しようとすると，ニクロム線の張力が大きくなり，ニクロム線が破断してしまうので注意が必要である．

(2)【実験2.3.1】　スチレンブロックのみでアーチを組み立てる．片手で5個のブロック（①～⑤）を持ち，ブロックを持っている手の反対側に2個のブロック（④'，⑤'）を重ねて置き，反対の片手で2個のブロック（②'，③'）を，5個のブロックと2個のブロックの間に組み込むとよい．

親指2本を除く両手8本の指で，均等にアーチ上面を押してみよう．均等に加える指の力を変化させてみよう．ある程度力を加えたときに，アーチが安定していることが分かる．アーチの各ブロックに加える力が均等でない場合，あるブロックがアーチの形から外れ，アーチが崩壊してしまう．

アーチの最頂部の迫り石をキーストーン（要石）と呼んでいる．キーストーンをアーチから持ち上げて抜いてみよう．このキーストーンは，各迫り石が

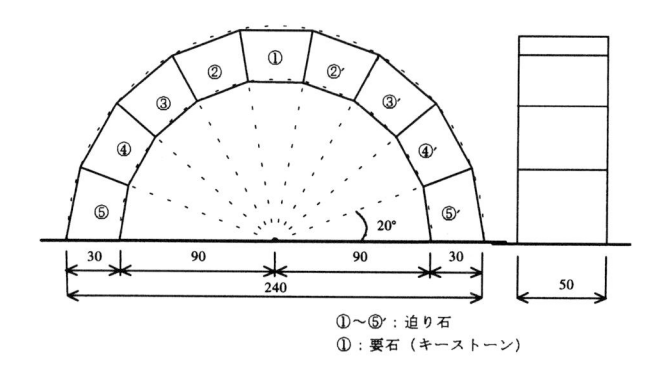

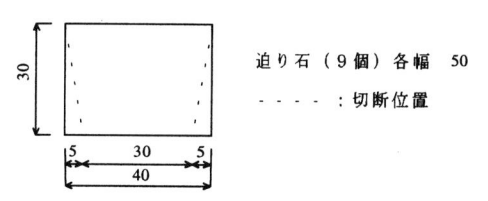

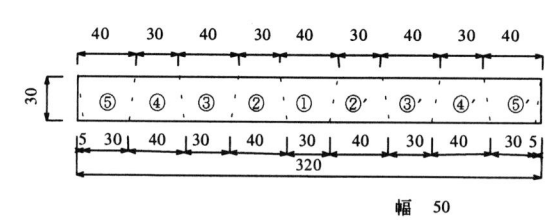

図2.9　スチレンフォームによるアーチ

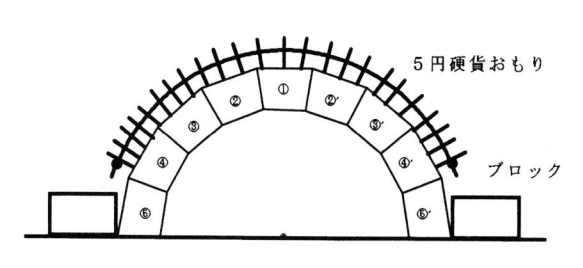

図2.10　5円硬貨載荷試験

もたれあい状態のところに，くさびを打ち込んだ状態となっていることが分かる．

(3)【実験 2.3.2】 実験 2.3.1 で組み立てたアーチの支持部分の両側に，支持ブロック（実験 2.1 で使用）を置いて，アーチの形を整えよう．ブロック幅の中央に分布重となるようなおもりを載せてみよう（図 2.10，2.11）．

おもりとして 5 円硬貨を使用する．5 円硬貨 150 枚にとじひもを通して，少し緩くしてすき間ができるように結ぶ．この硬貨によるおもりの両端のひもを両手で水平に持ち，ゆっくりと両手をアーチ上面に沿わせるように下ろすと，このおもりをアーチの上に載せることができる．

荷重を増やすため，300 枚の 5 円硬貨にとじひもを通して，通したとじひもがリング状になるように結ぶ．これを，硬貨の枚数が半分の 150 枚となるように 2 列にして，先程と同様にアーチに載せ，さらにこの上に 150 枚の硬貨を載せてみよう．アーチはびくともせず崩壊もしないであろう．等分布荷重を載せた状態のアーチは，大きな荷重を加えても非常に安定していることが，アーチの上側（5 円硬貨おもりの上側）に触ったとき，指先の感覚で分かるだろう．

次に，支持ブロックの 1 つを，ゆっくりと取り除いてみよう．支持ブロック側のスチレンブロックが外側に移動することが分かる．このとき，摩擦力により移動量が少ない場合は，最下段のスチレンブロックの底面にテープ（薄いポリプロピレン袋もよい）を貼って，支持面の摩擦抵抗を少なくすると，移動量が大きくなり分かりやすい．

アーチ全体への等分布荷重に対して，アーチは安定を保ち大きな荷重に耐え得る．これに対して，アーチへ片寄った荷重を載せたときはどうであろう．先程使用した 5 円硬貨の枚数を 50 枚に減らして，アーチの片側半分の部分に載せてみよう．どのように試みても，このおもりをアーチに載せることができず，最終的にアーチが崩壊してしまう．"実験 2.2 ボールによるアーチ"で示した，力の釣合いが成り立たないためである．

日本のアーチ橋の例として，熊本県矢部町に江戸時代に造られた通潤橋（1854）を図 2.12 に示す．この橋は，全長 79.6m，高さ 21.4m，幅 6.7m の水路橋であり，石造アーチの綺麗な姿を示している．

現代のアーチの例として，エーロ・サーリネン（1910-1961）による，アメリカセントルイスのジェ

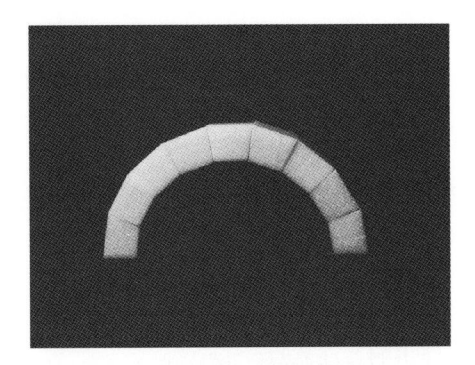

(a) 無載荷状態

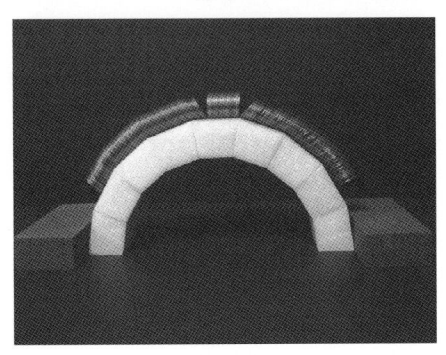

(b) 載荷状態

図 2.11 スチレンフォームアーチの 5 円硬貨載荷実験

図 2.12 通潤橋（富重清治氏撮影）

(a) 全景　　(b) クローズアップ

図 2.13 ジェファーソン・メモリアルアーチ

ファーソン・メモリアルアーチ (1965) を図 2.13 に示す．このアーチは，142 個の鉄筋コンクリート造ブロックを組み上げ，ステンレス鋼板仕上げをしたもので，スパンと高さがともに 192m である．このアーチは，STEP3 で述べる懸垂線を反転させた懸垂曲線アーチを示しており，このアーチには圧縮力のみが働いている．このように最適化したものは美しさを兼ね備えているといえる．なお，圧縮力のみを連ねて結んだ線を圧力線と呼んでいる．

STEP 3　しくみの理解を深めよう

アーチの発展したかたちとして，懸垂曲線アーチとドームを採り挙げる．

【実験 3】　糸と消しゴムによる懸垂曲線アーチ

力の流れを示す圧力線とアーチの形状が一致して，力学的に合理的な形を示す懸垂曲線アーチを，糸と消しゴムで作ってみよう．

図 3.1 に示すように，糸の長さに沿って等しい大きさで分布する荷重をつり下げると，糸の形は懸垂曲線（カテナリー）となる．この懸垂曲線は，引張力のみで成り立ってる．懸垂曲線は，重力が生み出すかたちの 1 つである．この懸垂曲線を天地逆さにすると，懸垂曲線アーチとなり，アーチの形と圧力線が一致する．圧力線はアーチ断面の中心線を通るので，アーチには一様な圧縮力が生じる．これに対して，実験 2.3 の"スチレンフォームによるアーチ"では，自重による圧力方向とアーチの形とが一致していない．

＜製作手順と注意点＞

消しゴムを 10mm×10mm×10mm の大きさにカッターで切り，24 個のブロックを作る．ブロックに糸を通す前に，ブロックの糸を通す中央位置に印を付けておく．各ブロックに縫い針により糸を通す．各ブロック間に 5mm のすき間ができるようにブロックを動かして調節する．

図 3.2 (a) に示すように，ベニア板を机の上に垂直に立て，画びょう 2 個でブロックを通した糸の両端を固定する．2 つの画びょう間は 15cm 〜 17cm 程度がよい．形づくられた曲線が懸垂曲線（カテナリー）となる．

糸を通したブロックは図 3.2 に示すように，各ブロックを同じ寸法に切るのが難しかったり，糸を通す位置が中央でなかったりして，各ブロックが綺麗

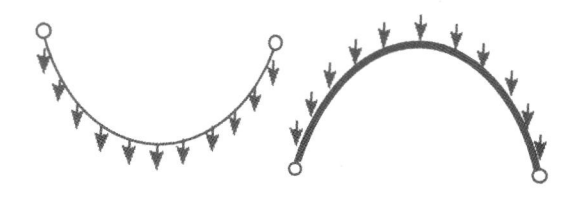

(a) 懸垂曲線　　(b) 懸垂曲線アーチ
図 3.1　懸垂曲線と懸垂曲線アーチ

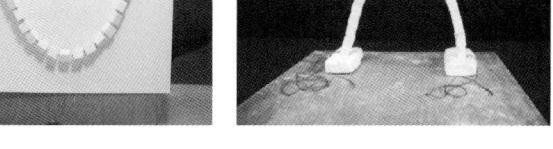

(a) 懸垂曲線　　(b) 懸垂曲線アーチ
図 3.2　糸と消しゴムによる懸垂曲線アーチ

に懸垂曲線を示すことは難しい．しかし，次の段階の各ブロック間に紙粘土を詰める際に，修正できるのであまり気にすることはない．

この曲線が崩れないように，ベニア板と同じ寸法の透明板でこの曲線を挟んで，透明板に懸垂曲線を写しとる．透明板に糸とブロックを載せて水平にして，写し取った懸垂曲線の形になるように，各ブロック間に紙粘土を詰める．アーチの形状の状態（上に凸）にして紙粘土を詰めると，引き越すときに都合がよい．紙粘土がブロックの外側にはみ出さないよう注意しよう．紙粘土が乾燥して固くなったら，少し水を加えるとよい．紙粘土は数分で乾燥するので，この懸垂形を天地逆にして，支持点とする両端に，紙粘土による基礎（50mm×20mm×10mm 程度）を取り付ける．自立させた懸垂曲線アーチを図 3.2 (b)に示す．

STEP 4　実例への応用

アントニオ・ガウディ（1852-1926）により設計されたバルセロナのサグラダファミリア教会（1884～）を図 4.1 に示す．この建物は，懸垂曲線アーチの模型によって検討され，いくつかの懸垂曲線アーチを組み合わせて設計されたものであり，現在も建設中である．ガウディは，上部から針金と漆喰に浸したキャンパス布を使って模型（図 4.2）を作り，たくさんのおもりをキャンパス布に取り付け，漆喰が乾燥した後，弱い部分を補強して設計したといわれている．

アーチを回転させた形として，ドーム構造がある．ドームの場合は図 4.3 に示すように，上部に自重や雪荷重が作用すると，周辺部分は外側に変形しようとする．しかし，ドームはアーチと異なり，周辺方向にも抵抗することができ，このような変形を防ぐことができる．

現代のドームは鉄骨で作られることが多いが，ここでは木造ドームの例として，図 4.4 に出雲ドーム（1992）を示す．このドームは，木造建築として日本最大級の規模で，直径 140.7m，高さ 48.9m である．屋根を支えるアーチには，木質の大断面構造用集成材が，屋根には，開放感を得るために，また曇天でも昼間は照明が不要なように，東京ドームと同様なガラス繊維を加工した膜が使用されている．

図 4.1　サグラダファミリア教会（生誕の門）

図 4.2　実験模型（コロニアグェル教会）

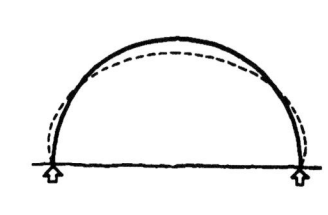

(a) 変形（断面）　　(b) 力の流れ（立体）
図 4.3　ドームの変形と力の流れ

(a) 全景　　(b) 内部

図 4.4　出雲ドーム

III 形から学んでみよう
12. 引張り・圧縮だけで作ってみよう―トラス構造のしくみ

STEP 1　学習のねらい

　トラスは、剛性と強度の高い骨組を経済的に構成する構法として、古くはローマ時代から木質構造に利用されてきた．トラス構造の代表例としてトラス鉄橋を図1.1に示す．
　トラスの骨組模型を用いた実験をとおして、トラス部材に生じる変形や応力を感じ取るのに役立ててみよう．

図1.1　新幹線富士川鉄橋

STEP 2　基本の形を理解してみよう

【実験2.1, 2.2】　ストローによる不安定骨組と安定骨組

（1）【実験2.1】　不安定骨組　太さ7mm程度のストロー（プラスチック製）4本を長さ12cmに切りそろえ、両端を偏平に押しつぶして、図2.1のようにペーパークリップ（図2.2）で止め付け、正方形の骨組を作る．この骨組を対角線方向に、押したり引いたりすると、ほとんど抵抗なく平行四辺形に形が変わってしまう（図2.3）．このような骨組は不安定構造であり、荷重を支えるためには不都合である．

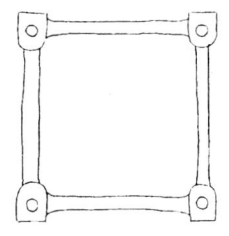

図2.1　ストローによる骨組　【実験2.1】

（2）【実験2.2】　安定骨組　この正方形骨組の対角線に、図2.4のように、1本の斜め材（長さ約17cm）を入れると、斜材のない対角線方向にかなり強く引っ張っても形が変わらなくなる．あまり強

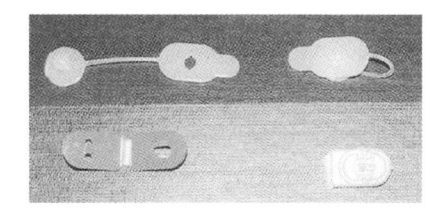

図2.2　ペーパークリップ
（2種類　開いた状態と閉じた状態）

用意するもの

【実験2.1, 2.2】　ストローによる不安定骨組と安定骨組
　　ストロー（直径7mm、長さ約120mm、4本、直径6mm、長さ約170mm、1本）、ペーパークリップ4個
【実験3.1】　ストローによる単位トラス
　　ストロー（直径7mm、長さ約50mm、3本、直径6mm、長さ約50mm、3本）、ペーパークリップ3個、プッシュピン2個、輪ゴム数本、瞬間接着剤
【実験3.2】　ストローによる単位トラスの組合せトラス
　　ストロー（直径7mm、長さ約50mm、5本、直径6mm、長さ約50mm、5本、ペーパークリップ4個、プッシュピン1個、輪ゴム数本、瞬間接着剤
【実験3.3】　スチレンフォームと糸による平行弦トラス
　　スチレンフォームの幅、厚さは、両トラスともに、幅30mm×厚5mm
　　【実験3.3.1】　プラットトラス　上・下弦材（長さ300mm、2本）、垂直材（45mm、7本）、支持材（20mm、2個）、斜材（ひも、刺しゅう糸、約1m）
　　【実験3.3.2】　ハウトラス　上弦材（212mm、1本）、下弦材（300mm、1本）、斜材（66mm、6本）、垂直材（ひも、刺しゅう糸、約1m）
共通　実験2、3.1、3.2　厚紙、透明プラスチック板、スケール、サインペン、実験3.3　スチレンカッター、スケール（40cm、20cm、各1本）、極細サインペン（切断位置入用、1本）、接着剤（プラモデル用液体接着材30mℓ入り1本、瞬間接着剤はスチレンフォームを溶解するので不可）、縫い針（ひも通し用、長70mm程度、1本）、10円硬貨（おもり用、4gf、150枚）、カメラ、筆記用具

く引っ張ると、斜材が圧縮応力に耐えられなくなって、図2.5のように斜材が座屈するので注意する．この斜材付き骨組は安定構造であり、筋かい（ブレース）付き骨組として、鉄骨造や木質構造の建築などで用いられている．

　この骨組は2つの三角形を組み合わせたもので、三角形骨組は、各節点が曲げに抵抗できないピン接合であっても、安定構造である．このような三角形骨組を基本単位として、それを組み合せて構成する骨組をトラスという．斜材の入ってない四角形骨組であっても安定構造を作ることができる．

　実験2.1の斜材なしストロー製正方形骨組の各節点を接着剤で固定してしまうと、対角線方向に引っ張ったときには、図2.3のようには簡単に変形はしなくなる．このように、節点が固定された骨組は、**剛節骨組**あるいは**ラーメン**と呼ばれている．

　力学的に考えると、トラスは各節点がピン接合であるので、部材に中間荷重が作用しない限り、部材には軸方向応力しか生じない．すなわち、トラスは軸方向応力で荷重を支持する構造である．このことが、トラス構造に経済的優位性をもたらしている．

図2.3　不安定骨組

図2.4　安定骨組

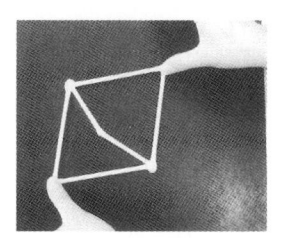

図2.5　斜材の座屈
（対角線方向に引っ張ると）

STEP 3　しくみの理解を深めよう

　トラスの節点に荷重が作用すると、トラスの各部材には引張力か圧縮力が生じる．以下の模型トラスの実験から、各部材に引張り・圧縮の応力が生じることを、確かめてみよう．

【実験3.1】　ストローによる単位トラス

（1）　トラスの部材の製作[*1]

　径の少し違う2本のストロー（径7mmと6mm程度）をはめ合わせて、ゴムひも（輪ゴムを切ったものでよい）を取り付け、図3.1のような部材を製作する．ゴムひもの中央を太いストローの端部近くに接着し、両端を細いストローに接着するが、太いほうのストローには図のように細長い窓をあけて、一端はその窓を通して細いほうのストローに接着する．この材は、図に示したように、縮んだときと伸びたときではゴムの山が違う位置にできる．したがって、材が圧縮・引張りのどちらの状態にあるかをすぐに見分けることができる．山になる部分に青と赤のように違う色を塗っておくと、一層見分けやすくなる．

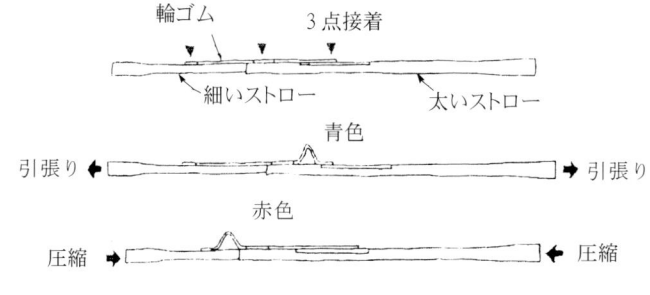

図3.1　トラス部材の詳細

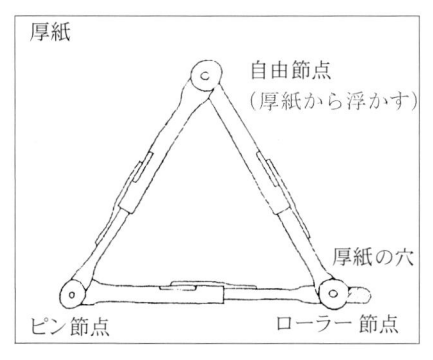

図3.2　単位トラス【実験3.1】

*1：東京理科大学大学院生　水野隆介氏考案（平成4年当時）

（2）トラスの製作と載荷

製作したトラス部材の両端を引いたり押したりしてみよう．引っ張ったときは，左側のゴムが伸びて，トラス部材が伸びることが，また押したときは，右側のゴムが伸びて，トラス部材が縮むことがわかるであろう．すなわち，このトラス部材には，加えられた引張力と圧縮力に比例した部材の伸びと縮みが生じている．

この材の両端を偏平にして，ペーパークリップでとめ付けて，トラスの基本単位となっている三角形を作る（図3.2）．

厚紙を台紙にして模型トラスを載せる．三角形底辺の1つの節点は，台紙に丸孔をあけてピン留めとし，ピン支点とする．底辺のほかの節点は，台紙に横長孔をあけてピンを通し，ローラー支点とする．孔の上下縁は，ピンがめり込まないように，補強するとよい．

移動が自由な頂点にいろいろな方向の力を加えて，3本の部材が伸びたり縮んだりする様子を観察しよう．その際，トラスが紙面から浮き上がらないように，透明なプラスチック製の板などで抑えるとよい．

頂点を上に引くと，斜辺の材は伸び，頂点を下に押すと，斜材が縮むことは想像がつくことであろう．頂点を横に動かすと，頂点が動いた側の斜材は縮み，他方の斜材は伸びるはずである．それでは，頂点を斜めに動かすと，2つの斜材の伸縮はどうなるだろうか．試してみよう．

各材の伸び縮みは，各材に働いている引張力，圧縮力によって生じている．この引張力，圧縮力は，各節点における力の多角形より求めることができる．

自由節点を水平右方向に引っ張った場合の，各材の応力を力の多角形より求めた結果を図3.3に示す．節点から遠ざかる矢印は，その位置の部材が引張力を，また節点に向かう矢印は，その位置の部材が圧縮力を受けていることを示している．部材が受けている力の大きさは，骨組が受けている力の大きさを図示するときのスケールより読み取れる．各節点で求めた力の多角形をひとまとめに描いたものを**クレモナ図**とよんでいる．

【実験3.2】 単位トラスの組合せトラスの伸縮と応力

実験2で製作した部材を組み合せて，図3.4のように，もっとも基本的なトラスを作り，実験してみよう．

図3.5のように，上弦材の右側の節点を下に引っ

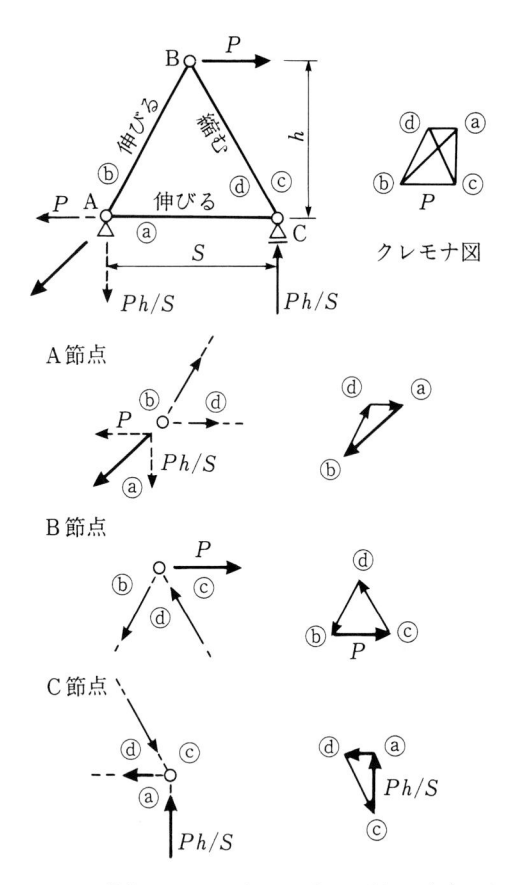

図3.3 単位トラスの力の釣合い（力の多角形）

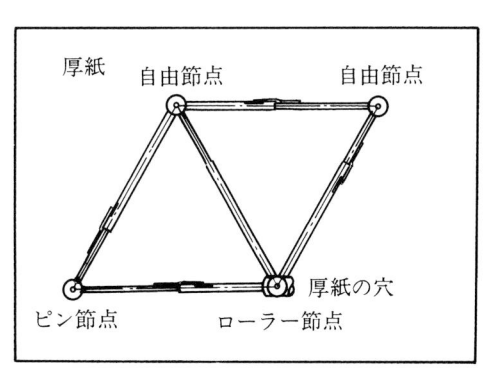

図3.4 単位トラスの組合せトラス【実験3.2】

張り，トラスをたわませて各部材の伸縮の状態を観察しよう．こうすると，A-B材とB-C材は伸び，ほかのA-D材，B-D材，C-D材は縮むことが分かる．部材に生じている力（応力）は，当然，伸びた部材では引張力が，縮んだ部材では圧縮力が作用している．

図3.5は，このトラスの各部材に作用している応力を，力の多角形より求めたものである．この力の多角形は，ある節点に作用しているすべての力は，釣り合っていなければならないことを利用したものである．力の多角形からの結果と実験の状況とを比較してみよう．

C節点を下側に引っ張るほかに，C節点を右方向へ引っ張る，上方向に持ち上げる，あるいは左方向に押すなどの実験を行い，部材の伸び，縮みを観察して，力の釣合いから求められる応力状態と比較してみよう．

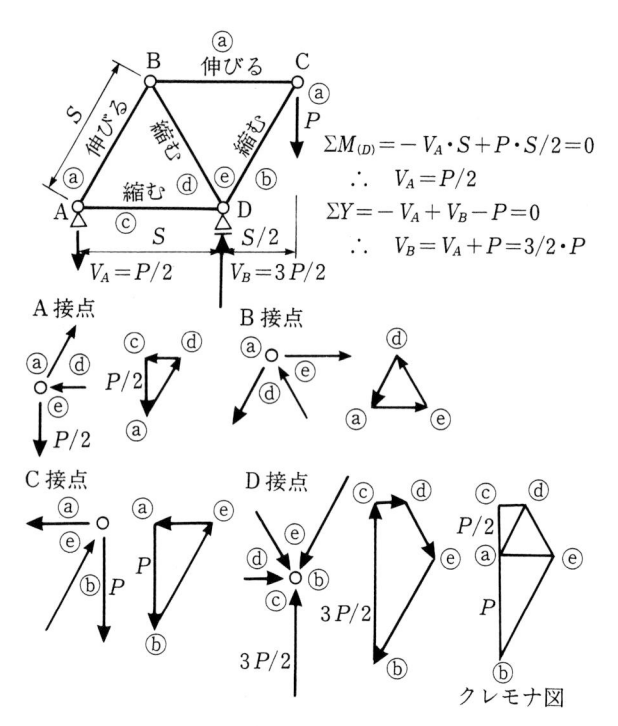

$$\Sigma M_{(D)} = -V_A \cdot S + P \cdot S/2 = 0$$
$$\therefore V_A = P/2$$
$$\Sigma Y = -V_A + V_B - P = 0$$
$$\therefore V_B = V_A + P = 3/2 \cdot P$$

図3.5 力の釣合い（力の多角形）

【実験3.3】 スチレンフォームと糸による平行弦トラス

トラス構造は，節点をピン接合として，部材には材軸にそった引張力か圧縮力の軸方向力のみが作用するものである．しかし，実際のトラスの節点は，トラスの運搬や組み立てのため，また不測の予想外の荷重に対しても安全なように，ある程度の回転を拘束する力，すなわち回転剛性を持たなければならない．したがって，トラス構造のピン接合部は，ある程度の回転剛性を持ち，部材間でモーメントを伝達することとなる．

図3.6（プラットトラス）と図3.9（ハウトラス）に示すスチレンフォームによる平行弦トラス模型の接合部は，現実に近い状態を作り出すことが望ましいが，これはなかなか難しいため，ここではトラスの各材の中で引張力が働く材のみを，ひもにより作りその接合をピン接合として考えられるものとしている．圧縮材の接合は，組み立てが容易な接着剤による接合として，回転を拘束する剛接合に近い接合としている．

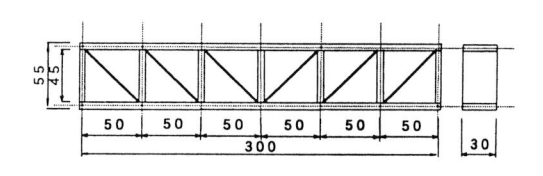

図3.6 プラットトラス（斜材－ひも）【実験3.3.1】

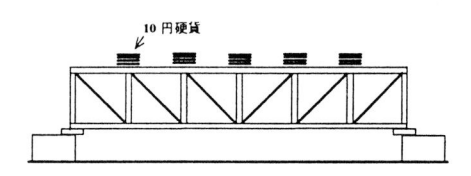

図3.7 プラットトラスの載荷実験
（a）正常な載荷（斜材のひもが引張力を受ける）
（b）逆さにしたトラスの載荷（斜材のひもが圧縮力を受ける）

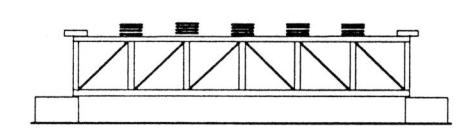

＜制作方法と注意点＞

グラフ用紙に原寸図を描いて，各部材を実寸法に基づきスチレンカッターを用いて切断するとよい．上・下弦材は，それぞれを1つの部材として作る．スチレンフォーム同士の接合には，プラモデル用の液体接着剤が適している．瞬間接着剤はスチレン

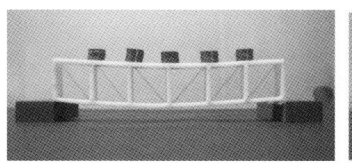

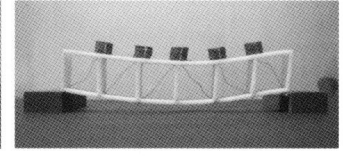

（a）正常位置トラス載荷　　（b）逆さ位置トラス載荷
図3.8 プラットトラスの10円硬貨載荷実験

フォームを溶解するので不向きである．ひもは、縫い針により、直接スタイロフォームを通し、端部は接着剤で止めるとよい．

＜載荷実験＞

トラスを支持台の上に載せるとき、トラス片側の支持点と支持台（11 ものを積み上げてみよう－組積アーチで使用した物）との間にテープ（薄いポリプロピレン袋がよい）をはさみ、ローラー支承にするとよい．

【実験 3.3.1】 プラットトラス　上弦材の各節点位置に 10 円硬貨何枚かを均等に載せて、斜材としているひもの張り具合を観察しよう．載荷する前の少したるんでいたひもが、引張力によって張ってくるのが観察できるであろう（図 3.7a、図 3.8a）．実験例では、各節点にそれぞれ 10 枚を載せている．載せる 10 円硬貨をある程度増やした時点で、はさみである部分のひもを切ってみて、破壊の状態を観察しよう．さらに、切断したひもを補修して、別の位置のひもを切ってみて、同じく破壊の状況を観察してみよう．

次に、トラスの上下を反転して、上部に 10 円硬貨を載せて載荷してみよう（図 3.7b、図 3.8b）．斜材のひもは、圧縮力を受けてたるみが生じるだろう．実際のトラスと同じように接合部がピンに近い状態となっていれば、このトラスは崩壊してしまう．この模型は、接合部を接着剤によっているので、一般の梁に近い挙動を示している．

【実験 3.3.2】 ハウトラス　上弦材の各節点位置に 10 円硬貨何枚かを載せ、ひもの張り具合を観察しよう（図 3.9、図 3.10）．次に、上弦材の片側（中央節点と隣の節点）だけに 10 円硬貨を載せて、状態を観察しよう．荷重が片寄った側の最外部斜材の変化状態を観察しよう．この斜材は圧縮力により座屈が生じるだろう．

STEP 4　実例への応用

建築物のトラス構造の例として、横浜アリーナ（1989）を図 4.1 に示す．この建物では、スパン 108m×130m、高さ 30m の大空間をおおう大屋根の架構形式として、平行弦プラットトラスが採用されている．

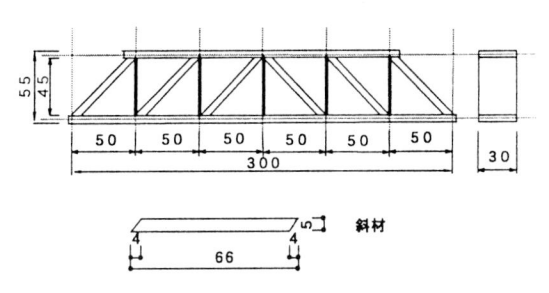

図 3.9　ハウトラス（垂直材－ひも）【実験 3.3.2】

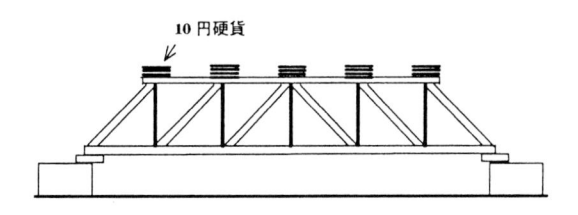

図 3.10　ハウストラスの 10 円硬貨載荷実験

（a）エントランス

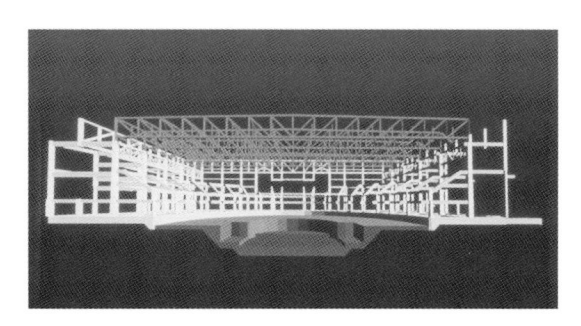

（b）断面図

図 4.1　横浜アリーナ

III 形から学んでみよう
13. 膜で作ってみよう—膜構造のしくみ

STEP 1 学習のねらい

　膜材料(膜材)からどのようなイメージを抱くだろうか. 東京ドームの大きさ, 広さであろうか. あるいは明るさや柔らかさであろうか. パラソルや遊牧民のテントのイメージもあるだろう(図1.1). 建築分野では, 膜材料は今やドームや大スパン構造などの空間構造の主材料の1つでもあり, 同時に空間構造の発展の立役者と位置づけられている.

　膜材はケーブルと同様, 引張力にしか抵抗できない「テンション材〔10章を参照〕」である. すなわち軽量性, 柔軟性, 運搬性に富み, 材料強度の効率的発揮が可能なことなどは共通する利点である. これらに加えて, 現代的な膜材料は透光性, 防水性といった優れた性質も有している. このような膜材を建築物に利用する際には, 構造材, 仕上材, 天井材, トップライトなどの複合的な機能が期待されている.

・現代的な膜材料の種類

　現在, 建築物に用いられている膜材には, どのようなものがあるだろう. 東京ドームなどの恒久建築物に使用されているのは, ガラス繊維織布に四ふっ化エチレン樹脂を主成分とする樹脂をコーティングしたものである. 厚さ0.8mm, 幅1cmで, 約150kgfの強度を有する(たて糸方向). このほか, ガラス繊維の代わりにポリエステル系繊維を使ったものや, コーティングに塩化ビニール樹脂を施した膜材も使われている.

　いずれの膜材も, 高強度の繊維で作られた織布に, 樹脂をコーティングした構成となっている(図1.2). ここで「織布」とは, 長手方向に走るたて糸に, よこ糸を直交方向に編み込んで作られた布のことである. またコーティングは, 耐久性, 防水性, 防汚性などを織布に付加するために施される処理である. なおこれらの膜以外に, 織布を用いないフィルムも仕上材として用いられるようになってきている.

・膜構造の種類

　膜材を使用した構造「膜構造」にはどのような種類があるだろうか. わが国では通常以下の3種類に分類されている(図1.3). なお力学的には, ①のサスペンション膜構造と②空気膜構造の2種類に分

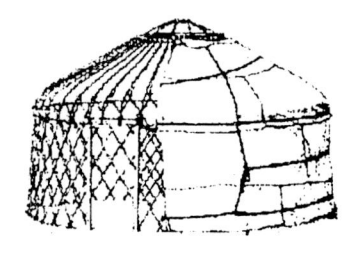

図1.1 遊牧民のテント

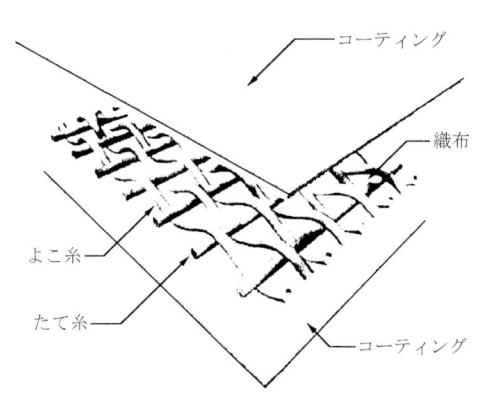

図1.2 膜材の構成

類される．

①サスペンション膜構造

　力学的には，膜面の形状，初期張力，荷重抵抗性能（荷重を受けたときの力の流れや変形性状）が密接に関連した構造である．デザイン的には，軽量感，透明感，造形性など膜材の性質を発揮した多くの形態が可能である．なお，③の骨組膜構造と法律上の区別をするために，膜を支持する骨組の間隔あるいは骨組に囲まれる膜部分の面積が規定値以上の場合，サスペンション膜構造と規定されている．

②空気膜構造

　膜材および建物躯体で囲まれた密閉空間の内部に，空気を注入することにより圧力（内圧）を発生させ，膜面に引張力と剛性を与える構造である．規模に対する適応性が高く，また初期張力の導入方法や引張力の時間変化に関しては配慮する必要はない．一方，風や雪などの荷重に対して内圧や形状を維持・制御するシステムが必要不可欠である．

③骨組膜構造

　トラスやラーメンなどの剛な架構の仕上材として膜材を用いたものであり，わが国で規定された構造形式である．この構造は架構の全体形状が任意に設定できることなど，設計が容易という長所を持っている．わが国の膜構造の大部分を占め，膜構造の普及に大きく貢献した点は評価される．しかし，膜材を骨組に取り付けるために数多くの金物が必要なこと，膜面への張力導入が困難なことなど，課題は多い．

・本章では

　本章では，サスペンション膜構造と空気膜構造の基本的な性質を理解することを目標として，伸縮性に富むゴム膜を用いて簡単な実験を行う．実験を通じて，「テンション材の非抗圧性」，「形成可能曲面」，「付加荷重が加わったときの応力変形挙動」などの膜構造独自の性状が定性的に把握できればよい．

<サスペンション膜構造>

<空気膜構造>

<骨組膜構造>

図1.3　膜構造の種類

STEP 2　基本の形を作ってみよう

　膜材はケーブルと同様，引張力にしか抵抗できない性質を持っている．このため，膜材で作られた曲面（構造）が，じょうぶで安全であるためには，膜面のどの部分にも圧縮が生じないようにしなければな

らない．ここでは膜構造の基本的な2種類の形態，サスペンション膜のHP曲面と空気膜の球面を対象にして，形成可能な曲面について観察してみよう．

【実験2.1】 ハンカチでHP曲面を作ってみよう
＜目的＞
　実際の建物に使われている膜材と同様の織布(たて糸とよこ糸の2方向の糸を織り込んで作った布)を用いてHP曲面を作ってみよう．平面の膜で曲面を作るとどういう現象が生じるか観察してみよう．

＜実験方法（図2.1）＞
① 2人でハンカチの4隅をほぼ同じ高さで持ち，対角方向に引張りを加え，全体の形状および，しわの有無を観察する．
② 対角方向の1対の2点の高さを保持したまま，ほかの2点を徐々に持ち上げ，得られたHP曲面について，しわの発生状況を観察する．

＜考えるポイント＞
① HPはHyperbolic Paraboloid（双曲放物線面）の略で，Hyparとも称される．HPの水平面の切断部は双曲線に，鉛直面の切断部は放物線になることがHPの名称の由来である．対角方向の曲率が正負逆方向であること(一方の対角線に沿った曲線が下向きに凸で，ほかの方向が上向きに凸であること)が特徴である．
② 1枚の紙でHP曲面が形成できるであろうか．試してみるとすぐ分かるように，HPのように2方向に曲率を持つ曲面を，紙のように伸びにくい平面状の材料で形成することは不可能である．それでは，紙より少し伸びる膜材ではどうか．この点について観察することが本実験の目的である．曲率が小さい場合(隅部の高さの差が小さい場合)，しわを発生させずにHPが形成できる．しかし曲率が大きくなると，しわが徐々に発生しはじめる．実際の膜構造では，完成状態でしわを発生させないために，通常「立体裁断」を行う．立体裁断は洋服を作る場合の

┌─用意するもの─────────────┐
│ ・ハンカチまたはふろしき（形は正方形が望ましい．ガーゼやパイル地ではなく，余り伸び縮みしないものがよい）．│
└────────────────────┘

＜ハンカチ＞

＜HP曲面＞
図2.1　実験方法

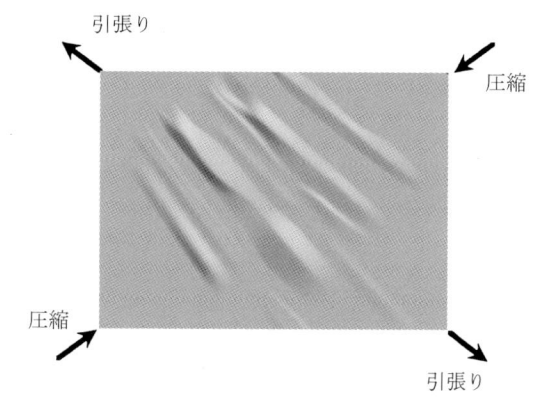

図2.2　しわの発生

布地の裁断図，あるいは地球儀を作成する際の凸レンズ状に切り抜かれた地図を思い出していただければ，理解できるであろう．

③膜材にしわが発生していない状態では，引張力は膜上のどの方向にも生じている．一方しわが発生した状態では，しわに沿った方向にしか引張力が生じていない．つまりしわは，しわに直交方向に圧縮力が生じ，ゆるんだ状態と解釈してよい（図2.2）．

【実験2.2】 ゴム膜でHP曲面を作ってみよう

<目的>

布に比べて伸びやすいゴム膜を使ってHP曲面を形成し，ゴム膜の伸びとしわの発生状況を観察する．

<実験方法（図2.3）>

①右図のような架台を作成する．ボルトは，合板パネルの表裏両面からナットで締め込み，ぐらつかないようにする．
②ゴム膜の片面に，油性フェルトペンを用いて図のような等間隔のグリッドを描く．
③ゴム膜の4隅の裏面に三角形のアクリル板を両面テープで貼り付けた後に，直径1mm程度の孔をあける．
④ボルトにナットを差し込み，ナットの上面とパネル上面との距離 h が20mmになるようにセットする．
⑤ワッシャに糸を通し輪を作る．
⑥⑤のワッシャを，④のナット上に差し込む．
⑦ゴム膜の4隅を，ワッシャの糸およびヒートンに取り付ける（グリッドを描いた面を上面）．
⑧膜面上のグリッドを観察して，グリッドの変形

用意するもの

- ゴム膜（手術用の手袋と同様の材料，17cm×17cm）：1枚
- 合板パネル（25cm×25cm）：1枚
- 長ボルト（M6：長さ10cm）：2個
- ナット（M6）：6個
- ワッシャ：2個
- ヒートン：2個
- S字フック：4個
- アクリル板（厚さ1mm程度，1辺2cm程度の二等辺直角三角形）：4枚
- 油性フェルトペン，糸，両面接着テープ

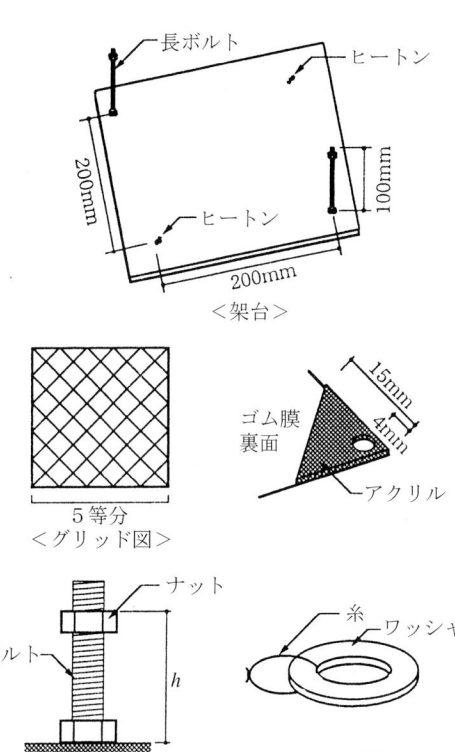

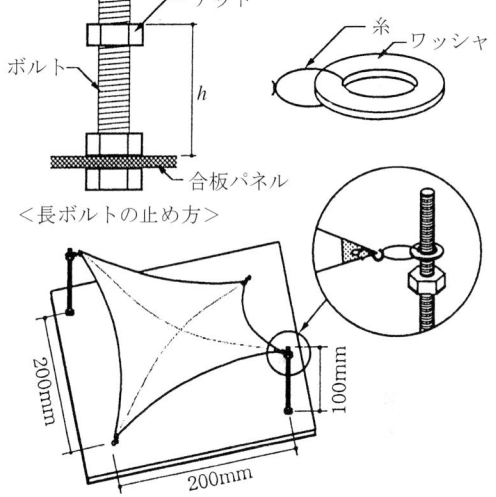

図2.3 実験2.2の試験体

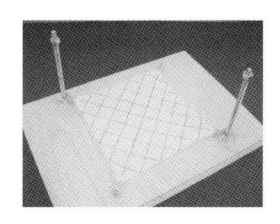

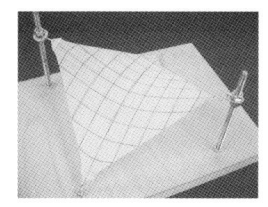

図2.4 実験にともなう形状変化

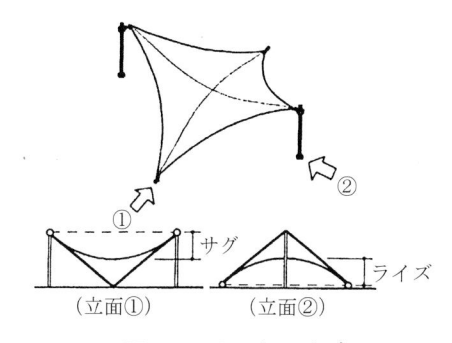

図2.5 サグとライズ

状態(伸び量)およびしわの発生状況を記録する．
⑨ $h = 40\,\text{mm}$, $60\,\text{mm}$, $80\,\text{mm}$ に変更し，⑧と同様の観察を行う．

＜考えるポイント＞
① グリッドの変形を観察することにより，HP曲面に生じている張力が推定できる(グリッドが大きく伸びているか所には，大きな引張力が生じている)．このことにより，膜面には等しい張力が生じていないことが理解できよう．
② h が大きくなるほど，膜の曲率は大きくなる．【実験2.1】と同様，曲率の増大とともにしわが発生しやすくなる性状が見られるか，確認してみよう．なおハンカチと異なり，ゴム膜は伸びやすいため，しわが発生しない可能性もある．
③ HP曲面では，対角位置の隅部と膜面との鉛直方向距離は，サグ(下がり量)およびライズ(上がり量)と呼ばれる(図2.5)．
④ 上記の実験では，対角位置の h は同じとしたが，この両者の高さを変化させて，いろいろな形を作ってみよう．

【実験2.3】 ふくらませて空気膜構造を作ってみよう
＜目的＞
サスペンション膜構造と並んで，代表的な膜構造である空気膜構造を作ってみる．底部が2種類の基本形(円形と正方形)に対して，どのような曲面が形成されるか観察してみよう．

＜実験方法(図2.7，図2.8)＞
① ゴム膜の1枚に，油性フェルトペンで図のよう

用意するもの(図2.6)

- ゴム膜(【実験2.2】と同種の材料：20cm × 20cm)：4枚
- 密閉クリップ(開封した袋の口を閉じるもの．図2.6参照)：長さ16cm程度×4本，長さ8cm程度×2本
- 刺しゅう用円形枠(直径16cm程度)：1個
- エアー・スプレー(コンピュータ用品)または手動式エアーポンプ(浮き袋をふくらませるもの)：1本
- 粘着テープ
- 油性フェルトペン

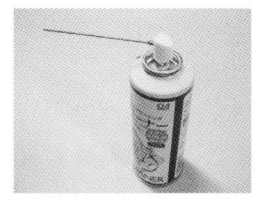

図2.6 用意するもの【実験2.3】

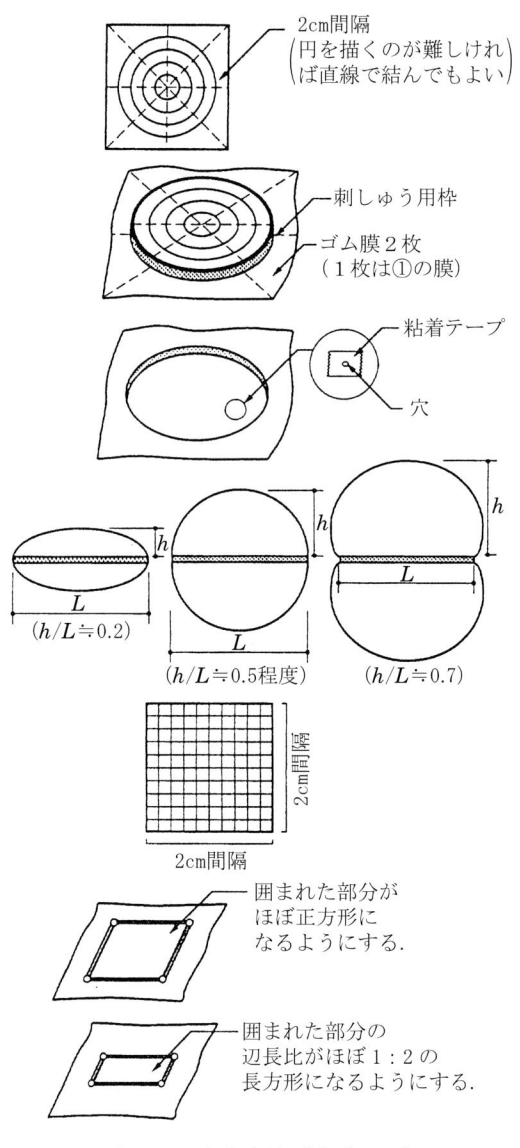

図2.7 実験方法【実験2.3】

なグリッドを描く．
② ①のゴム膜とほかのゴム膜1枚を重ねて，一緒に刺しゅう用の枠にはさみ込む．
③ グリッドが描かれていない裏面の膜の1部に粘着テープを貼り，小さな孔（エアー・スプレーのチューブが通る程度）を開ける．
④ ③の孔にエアー・スプレーのチューブを差し込み，スプレーで空気を送り込む．図のようないろいろな形まで膨らませて，グリッドの変形状態（伸び量）やしわの発生状況を記録する．
⑤ ゴム膜の1枚に，油性フェルトペンで，図のような等間隔の2方向グリッドを描く．
⑥ ⑤のゴム膜とほかのゴム膜1枚を重ねて，密閉クリップ（等長のもの4本）で図のようにはさみ込む．裏面の膜（グリッドがない面）には，③と同様，空気送入口を付けておく．
⑦ ④と同様，スプレーで空気を吹き込み，いろいろな形を作り，観察する．
⑧ ⑤と同じ膜を長さの異なる2組（長×2本，短×2本）のクリップではさみ込み，⑦と同じ実験を行う．

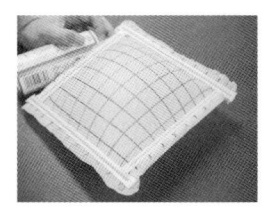

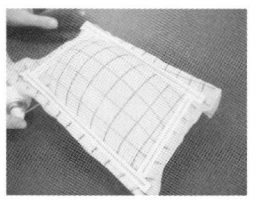

図2.8　実験状況【実験2.3】

<考えるポイント>
① 上記実験では，2枚の膜の間に空気を送り込んでいるが，刺しゅうの枠あるいはクリップの下に板状のパネルを接着して，パネルと膜の間に空気を送り込んでも同様の膜形状が得られる．ただし構造的には付加荷重に対する抵抗形式が異なるため，違うタイプの構造システム（空気膨張式と空気支持式）に位置付けられる（図2.9）．
② 閉じられた部分に空気を送り込むと，圧力（内部圧力：内圧ともいう）が生じる．この圧力は膜面に垂直方向（法線方向）に加わりながら，膜を膨らませる．このとき，膜面は伸びるため，引張力が生じる（図2.10）．
③ 円形枠に取り付けられた膜を膨らませた場合，膜の重量が内圧に比べて無視できるほど小さいと考えられるため，シャボン玉と同様の球面が得られる．シャボン玉の場合，曲面上のどの部分も等しい張力が発生し，当然のことながらしわも発生しない．実験でも同じ性状が得られるか，観察してみよう．
④ 正方形の枠に取り付けられている場合，枠から離れた中央部分の膜面は球形状と考えられる．

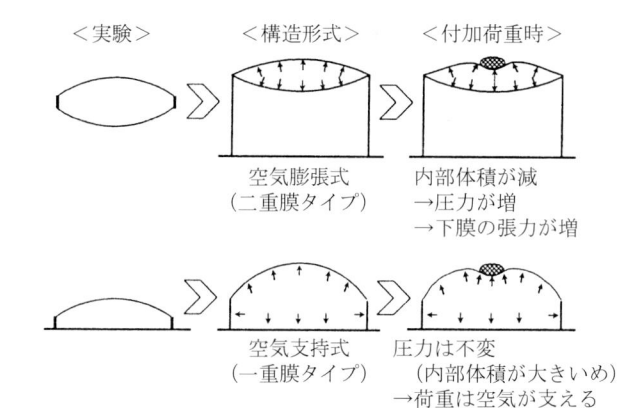

図2.9　2タイプの空気膜構造

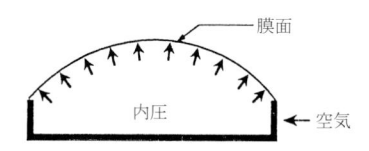

図2.10　空気膜構造のしくみ

四角の枠の近傍で，中央部の球面がどのように変化するか，観察してみよう（中央部では凸形状の膜面が，枠の近傍で凹形状に変化する可能性もある）．また膜面の伸びの状況も観察してみよう．

⑤長方形の枠の場合，長辺方向と短辺方向の膜の伸びに違いが見られるか，グリッドの間隔の変化を観察してみよう．

STEP 3　しくみの理解を深めよう

完成された膜構造が荷重を受ける場合，どのように抵抗するかについて観察してみよう．ここでは2種類の実験を行う．1つはHP形状のサスペンション膜構造が風荷重を受ける場合，もう1つは空気膜構造が雪荷重を受ける場合を想定している．

【実験3.1】　HP曲面に上向きの力を加えてみよう
＜目的＞
代表的なサスペンション膜構造であるHP曲面に，上向きの等分布法線方向荷重を与えたとき，膜面はどのように伸縮し，しわが発生するか観察してみよう．

＜実験方法＞
①アクリル板で（図3.2）のような箱を作る．壁面には1か所，孔（エアースプレーのチューブが入る程度の大きさ）を開ける．

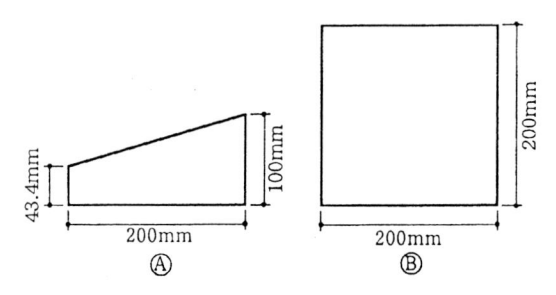

図3.1　アクリル板【実験3.1】

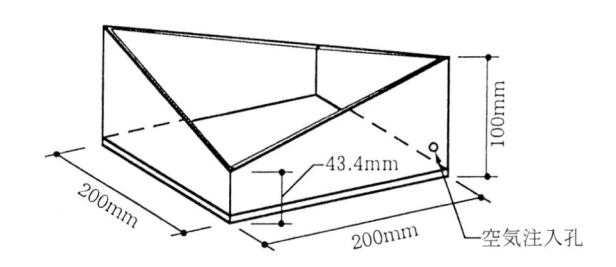

図3.2　アクリルによる箱【実験3.1】

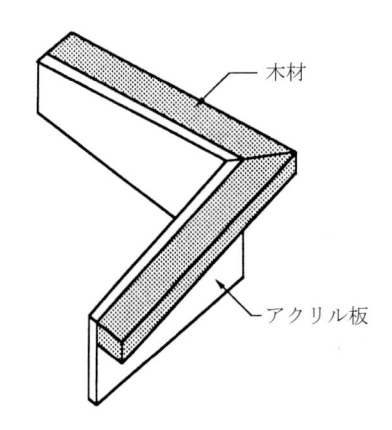

図3.3　アクリル上辺の木材

用意するもの
- ゴム膜（【実験2.3】と同種の材料，20cm × 20cm程度）：1枚
- アクリル板（厚さ t = 6mm程度）
    ：Ⓐ×4枚，Ⓑ×1枚（図3.1）
- 木材（断面8mm×8mm程度，長さ1m程度）
    ：1本
- ゴム・バンド（周長が80cm程度まで伸びるもの）
    ：1本
- 両面テープ
- 粘着テープ
- エアー・スプレー（【実験2.3】と同じもの，エアーポンプでもよい）：1本
- 油性フェルトペン
- 接着剤
- ノギスまたはスケール

② ①の箱の上辺の外側に沿って，木材を貼り付ける（図3.3）．
③ ゴム膜に対角線を描き，それぞれの中心から3cmピッチで目盛りを打つ．
④ ゴム膜を箱に両面テープで取り付ける（ゴム膜の対角方向と箱の対角方向を合わせるように配置する．隅部から取り付けるとよい）．膜面にしわが生じていないことを確認した後に，木材の下方で余ったゴム膜をゴムバンドで押さえ，さらに上から粘着テープを巻く．
⑤ でき上がった膜面の高い隅部2点間の中点と，膜面の中央点の距離 f を測定して，次の値を記録する（図3.4）．

$$サグ・スパン比 \gamma_1 = \frac{f}{L} = \frac{f}{282.8\mathrm{mm}}$$

$$ライズスパン比 \gamma_2 = \frac{h}{L} = \frac{56.6-f}{282.8\mathrm{mm}}$$

目標値（$\gamma_1 = \gamma_2 = 0.1$）と上記の測定値を比較する．
⑥ 膜面のグリッド間の距離をノギスまたはスケールで計測して記録する．
⑦ 壁面の空気孔からエアースプレーのノズルを差し込み，中に空気を注入する．適当に注入を止め，対角線上の目盛り間の長さの計測およびしわの発生状況を観察する（図3.5）．

<考えるポイント>
① 実験で用いた形状のように偏平な構造物（ライズ・スパン比とサグ・スパン比がともに0.1以下）が風を受けた場合，一般に屋根面の法線方向に上向きの荷重を受ける．本実験でエアースプレーにより加えた圧力は，この風荷重を模擬したものである（実際の風荷重は，本実験の荷重のように均一の大きさではない）．
② HP曲面は曲率が場所によって異なる．本試験体では，高いほうの隅部相互，あるいは低いほうの隅部相互を結ぶ曲率はもっとも大きくなるが，その形状は前者が凹形状，後者が凸形状である．本実験のようにHP曲面が上向きの荷重を受けると，凹形状の部分には圧縮力が生じ（つまり完成時の引張力が減少し），凸形状の部分には引張力が生じる（つまり引張力が増加する）．このため荷重が大きくなると，凹形状の引張力が消失し，しわが発生する可能性もある．このときのしわ方向は凹形状の直交方向となる

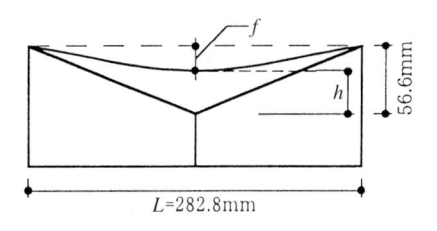

図3.4 サグ f とライズ h

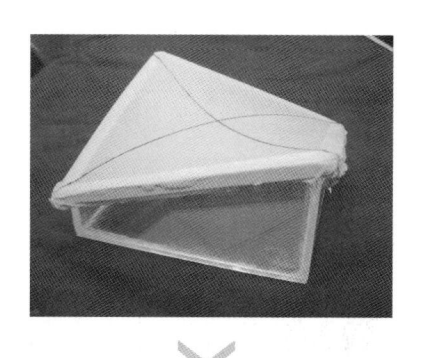

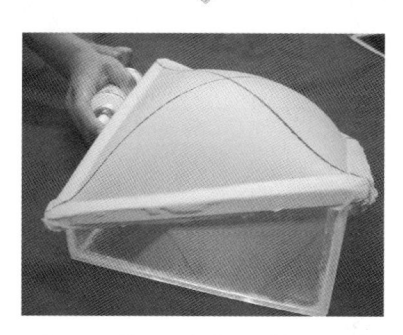

図3.5 膜の反転状況【実験3.1】

と想定できよう．このような性状が実験で得られているか，確認してみよう（ゴムが伸びやすい場合，しわが発生しない場合もある）．これには高いほうの隅点を結ぶ対角線上の目盛り間隔が減少し，低い隅点を結ぶ対角線の目盛り間隔が増加しているか，確認すればよい．
③②の状態から，さらに荷重を増加すると，凹形状の部分が消失（形状が反転）し，膜面全体が凸状態となる（図3.5）．このとき，空気膜構造のように膜面全体の引張力は荷重とともに増加する．

【実験3.2】 空気膜構造に下向きの力を加えてみよう

＜目的＞
　空気膜構造に雪荷重が加わると，膜面を上に持ち上げる内圧の効果が減少し，膜面の引張力が減少するとともに，大きな変形やしわの発生が生じる可能性が出てくる．ここでは，膜面上に局所的な鉛直荷重が加わった場合，膜面はどのように伸縮するか観察してみよう．

＜実験方法＞
①アクリル製のチューブの底に，アクリル板を接着する．また，チューブに1か所直径1mm程度の孔（エアースプレーのチューブが入る程度の大きさ）を開ける（図3.6）．
②パイプの上面にゴム膜を置き，はみ出した部分を下に折り畳み，ゴムバンドで押さえ，さらに

用意するもの

・ゴム膜（STEP2と同様の材料，20cm×20cm程度）：1枚
・アクリル製のチューブ（高さ100mm，直径160mm程度，厚さ6mm程度）：1本
・アクリル板（厚さ6mm程度，20cm×20cm程度）：1枚
・ゴムバンド（周長が50cm程度まで伸びるもの）：1本
・粘着テープ
・両面テープ
・エアースプレー（【実験3.1】と同じ）：1本
・接着剤
・おもり（100gf程度のナットでもよい）：1個
・直径5mm程度の鋼球またはガラス球（ビー玉）：使用しなくてもよい

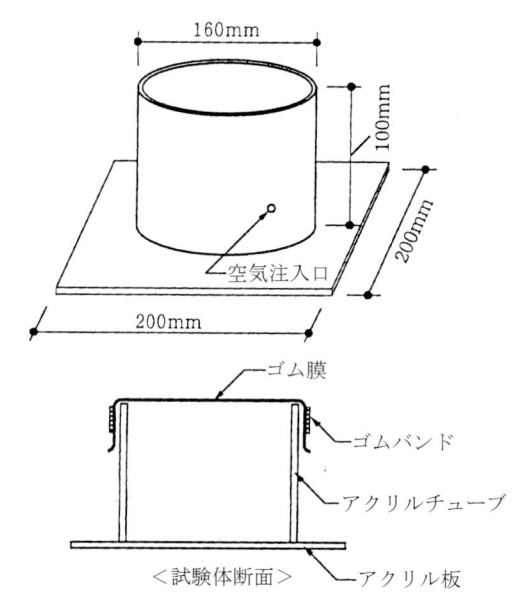

図3.6　実験3.2の試験体

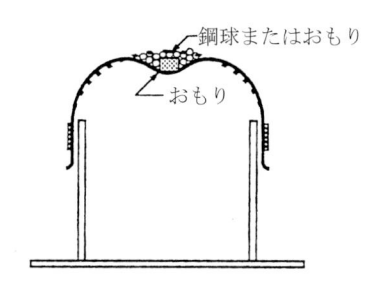

図3.7　載荷状況

図3.8　実験状況【実験3.2】

上から粘着テープを巻く（できるだけ密閉性を高めておく）．
③膜の中央部のライズ（むくり）が，チューブ径の 0.1～0.2 程度になるまでエアースプレーで空気を注入し，アクリルの空気注入孔をテープでふさぐ．
④膜の中央に，おもり（底部に両面テープを貼っておくとよい）を置き，生じた凹部にさらに鋼球またはおもりを置く．この間，変形の進行状況やしわの発生状況などを適宜，観察する（図 3.8）．
⑤おもりと鋼球を取り除き，再びエアースプレーで空気を注入し，ほぼ半球形状まで膨らませる．
⑥④と同様の載荷を行い，観察を行う．

＜考えるポイント＞

①空気膜構造に積雪が生じると，膜面を持ち上げる内圧と雪の重さが打ち消しあうために，大きな変形が生じやすくなる．実際の空気膜構造では，降雪の初期状態，あるいは変形量が許容値を超えた状態で，内圧を増加させる制御を通常採用している．
②積雪に対する内圧不足あるいは局所的な積雪などが原因で，膜面に凹部が生じると，当該部分にさらなる積雪が促される可能性が生じてくる．このような変形と積雪の悪循環の現象は「ポンディング」と呼ばれている．本実験はこの現象を模擬したものである．
③球面に生じている引張力は，通常周方向と経線方向の 2 方向の引張力で評価される．局所的な変形（凹状態）が生じている部分においては，周方向の引張力が消失し，経線方向のみの引張力が生じていると想定できる．本実験でこの現象が見られるかどうか確認してみよう．

STEP 4　実例への対応

　高強度繊維で構成された織布に合成樹脂でコーティングした近代膜材料を用いた空間構造が，最初に大量に出現したのは 1970 年の大阪万博である．
　膜材料が恒久建築物に適用され，新しい空間表現が可能な材料として評価されたきっかけは，新しい膜材の登場であった．ガラス繊維を用いた膜材が日本に登場したのは 1970 年代の後半．そして日本最初の恒久膜構造が実現されたのは 1984 年のこと（霊

＜つくば博・中央駅シェルター（仮設：1985）＞　＜霊友会弥勒山エアードーム（1984）＞

＜東京ドーム（1988）＞　＜日本大学レストドーム（1989）＞

＜ハイパードーム E（1990）＞　＜天城ドーム（1991）＞

＜ハルミドーム 21（仮設：1992）＞　＜出雲もくもくドーム（1992）＞

＜北九州穴生ドーム（1994）＞　＜日本大学ウエルカムドーム（1997）＞

＜山口ドーム（2001）＞　＜静岡スタジアム・エコパ（2001）＞

図 4.1　膜構造の実例

友会弥勒山エアードーム)，アメリカから遅れるところ約10年であった．

　現在における膜構造の普及には目を見張るものがある．膜材料はわずか4半世紀の内に，スポーツ施設，商業・店舗施設，工場・研究施設などの多くの用途に適用され，また構造形式も多種多様な架構形式が生まれている．このような発展をたどった日本の膜構造は，設計面，施工面，さらには研究面でも海外からつねに注目されるレベルに達している．

13. 付録　データシート

・STEP 3 【実験3.1】
（1） 曲面形状
　　スパン：$L = 282.8$mm
　　・サグ：$f = $ _____ mm
　　・ライズ：$h = 56.6 - f = $ _____ mm
　　・サグ・スパン比：$f/L = $ _____
　　・ライズ・スパン比：$h/L = $ _____

（2） 完成形状（グリッド間距離）

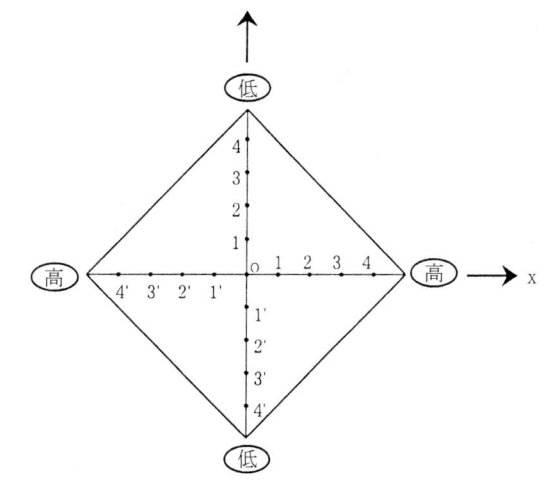

	0-1	1-2	2-3	3-4	0-1'	1'-2'	2'-3'	3'-4'
x方向								
y方向								

（3） 付加荷重時
　①グリッド間距離（mm）

	0-1	1-2	2-3	3-4	0-1'	1'-2'	2'-3'	3'-4'
x方向								
y方向								

②完成形状からの伸び（mm）[（3）①－（2）]

	0-1	1-2	2-3	3-4	0-1'	1'-2'	2'-3'	3'-4'
x方向								
y方向								

Ⅲ 形から学んでみよう
14. 不安定と崩壊－建物を壊さないために

STEP 1 学習のねらい

トラス構造やラーメン構造のように、棒状の材を互いに接合して構成される構造は骨組構造と呼ばれる。これまで、わが国ではとくに、建築物は基本的に骨組構造からなるものが数多く造られてきた。そのような骨組構造が図1.1のように、形を崩して不安定になったり壊れたりするのは、構造がどのような状態になる場合なのか、あるいは、構造にどのような状況を生じることが契機となるのか、考えてみよう。さらに、容易に崩れたり、不安定にならない強い構造を造るにはどうすればよいのだろうか？

図1.1 木造骨組の地震被害

STEP 2 基本の形を理解してみよう

【実験2.1】 棒材を壊してみよう
＜実験方法＞
(1) 1本の割り箸を強く引っ張る。
(2) 1本の割り箸を曲げる。(図2.1)

＜考えるポイント＞
棒状の材を引きちぎることは容易でない。

割り箸のような細い棒でも、引っ張るだけで引きちぎることは容易ではないが、曲げて折る（壊す）ことはいとも簡単である。1本の割り箸を2つにしなさいといわれて、引きちぎったり押しつぶそうとする人はいない。割り箸くらいのものでもそれにはものすごい大きな力が必要になることを知っているから……。

なお、棒材を軸方向に押す実験はここではとりあげていないが、細長い棒だと押しつぶれる前に座屈が生じて押す力に耐えられなくなることは7章で学んだとおりである。棒状の材はなぜ曲げる力に弱いのだろうか？

図2.1において、棒を曲げようとする力は左右の手指を通じて伝えられる大きさ等しく向きの反対なモーメントによって生み出される。モーメントというのは、図2.2(a)に示すように、物体を回転させようとする力の効果を表したもので、この大きさは1組の力Pとその間の距離dとの積で表される。これと同等のモーメントを割り箸のような狭い断面内で生じさせるには、図2.2(b)に示すように、距離jを断面の幅以上に拡げることができないので棒にはとても大きな軸方向の力Fが与えられることになる。このような力Fは単純に押したり引い

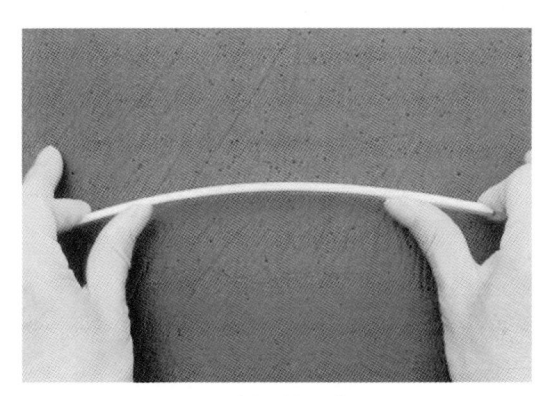

図2.1 割り箸を曲げる

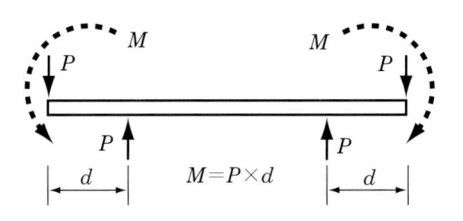

(a) 棒材を曲げる大きさ等しく向きの反対なモーメント
$M = P \times d$

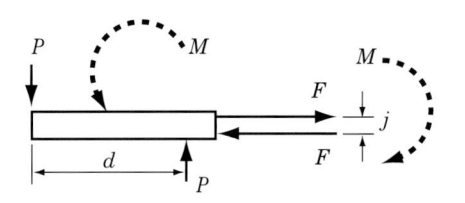

(b) モーメントによる押し引きの力の拡大
$M = P \times d = F \times j \quad \therefore \quad F = P \times (d/j)$

図2.2 曲げると大きな力が引き出せる

たりする力としてはとても出せないくらいの大きなものになりうる．すなわち、棒が曲げる力には弱いというよりは、むしろ、曲げると大きな力が出せるということになる．

【実験 2.2】 棒材からなる多角形骨組を崩す
＜試験体の製作＞

木製の薄肉板材の両端部に孔をあけて、2材を重ねて孔にボルトを通し、ナットを手締めして接合していくことにより、3つの閉鎖型の多角形骨組（三角形、四角形、五角形）を作る．

部材寸法は任意でよいが、ここでは厚さ3mm、幅15mm の桧工作材を以下の長さで用いることにする．（ ）内の寸法は孔間の距離（節点間の部材の実長）である．また、ボルト、ナットには 3mm×15mm の鍋小ねじを用い、ワッシャはあってもなくてもよい．

　三角形骨組：140,170,200（120,150,180）mm を
　　　　　　各1本
　四角形骨組：120,170（100,150）mm を各2本
　五角形骨組：100,120,140,170,200（80,100,120,
　　　　　　150,180）mm を各1本

＜実験手順＞

各骨組の部材間には手を触れないで、頂点（節点）付近だけに指で力を加えてみる．

＜考えるポイント＞

三角形骨組の場合には、頂点の部分を押したり、引っ張ってもほとんどびくともしないで、安定した三角形状を保つことができる（図2.3）．しかし、四角形骨組や五角形骨組になると、ナットの締付け方がゆるいと少しの力ですぐにかたちが崩れてしまう（図2.4、図2.5）．確かにナットをより強く締め付けるとにより大きな力を加えることができるが、さらに大きな力を加えるとナットがゆるんで、そこで結ばれた2つの材のなす角度が変わることによって形が崩れてしまう．では、三角形だとナットの締付けが弱くてもなぜかたちが崩れにくいのだろうか？それは三角形では棒材の長さが変わらない限り、すなわち、伸びたり縮んだりしない限り、別なかたちの三角形が作れないからである．そして、棒材の長さを変える程に引っ張ったり押したりする力は、曲げる力に比べると一般に非常に大きな力でなければならないことを実験2.1で確認した．

図 2.3 三角形骨組

四角形骨組

四角形骨組の変形
図 2.4

五角形骨組

五角形骨組の変形
図 2.5

STEP 3　しくみの理解を深めよう

【実験3.1】1層ラーメン骨組に水平荷重を加える

＜試験体の製作＞

　図3.1の実験状況および図3.2の試験体の完成図をイメージしたうえで、柱脚材、柱材、梁材、柱材、柱脚材の5材を鉛板を用いて接着剤により図3.3のように一直線上に接合する．このとき、柱脚材と接着する鉛板のうち1枚のみは、接合された一連の板材の反対面に接着されるようにする．十分に接着された後、梁と柱の間の鉛板の接着部を持ってその間の鉛板を折り曲げて門形とする．さらに、梁中央部に錐で孔を開けて小ボルトを下部から上部に差し込み、上部からナットで軽く締める．

＜実験装置の製作と試験体のセット＞

　図3.1に示すように、支持板の端部中央に支柱をアングル材を用いて立て、上部ボルト孔に6mmボルトを差し込んでナットで固定し、そのボルトの先端に滑車を両側からナットでスプリングワッシャを用いて締め付けて固定する．次いで、支柱より150mm離れた位置に、図3.2に示すように、試験体を木ねじにより支持板に固定する．その際、支柱と試験体の中心線が支持板中央線上に並ぶように注

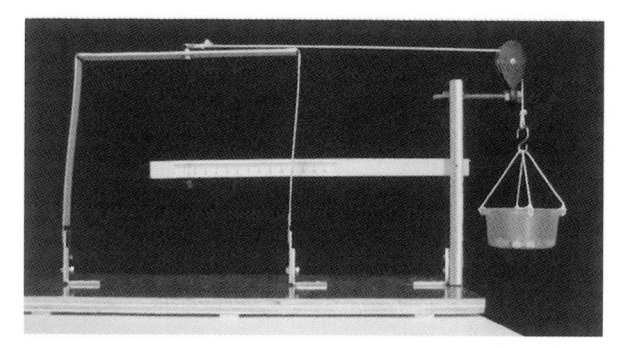

図3.1　実験状況

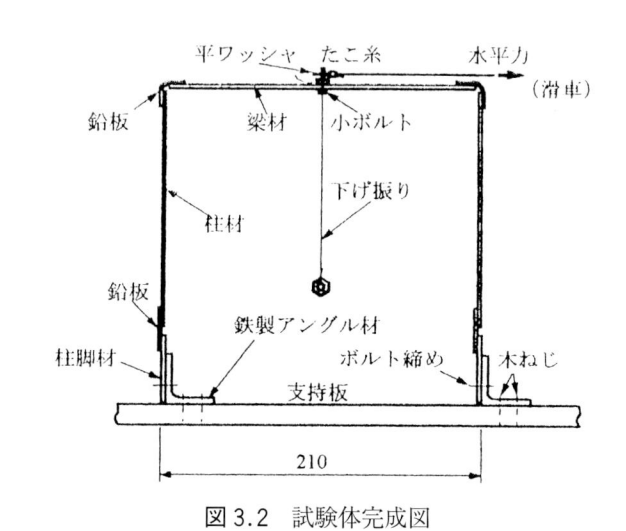

図3.2　試験体完成図

用意するもの

- 梁材：1.5mm厚バルサ、15mm×200mm、1枚
- 柱材：1.0mm厚バルサ、15mm×150mm、2枚
- 柱脚材：1.5mm厚アルミ、15mm×450mm、2枚（端部から10mmの位置、中央に径3.2mmの孔をあけておく）
- 接合材：1.0mm厚鉛板、13mm×25mm、4枚
- 接着剤：速乾性溶剤形接着剤（木材、金属用）
- 支持板：12mm厚ベニヤ合板、150mm×300mm
- 支柱：12mm厚ベニヤ合板、30mm×180mm、1本（上端から10mm位置中央に径6.5mm孔をあける）
- 固定材：鉄製アングル材（2mm×32mm×32mm）、幅16mm、3個（板部には中心間隔15mmで4mm径の孔が2つずつある）
- 木ねじ：9本…固定材と支持板、支柱の固定用および、物差しと支柱の固定用
- 滑車：径20mm前後、1個
- 中ボルト：6mm×80mm、1本（ナット3個、スプリングワッシャ1枚含む）…滑車固定用
- 小ボルト：3mm×10mm、5本（ナット5個、スプリングワッシャ3枚含む）
- おもり：8mmボルト用六角ナット（中おもり）、8個、6mmボルト用六角ナット（小おもり）、20個
- おもり容器：プラスチック（適当に軽いものなら可）
- 引っ張り具：たこ糸（長さ約400mm）の一端に平ワッシャ（径10mm程度）を結び、他端を輪に結んでS字フックを付けたもの
- 下げ振り：小ナットに絹糸を結んだもの（長さ約150mm）
- 物差し：3mm×15mmの桧工作材（実験2で用いたのと同じ）を300mmの長さに切り、目盛り付き定規をコピーした紙（目盛りの長さは約100mm）を一端に寄せて貼り付けたもの．

意する．このとき、柱脚材とアングル材とは小ボルトとスプリングワッシャを用いて固定する．さらに、物差しを支柱側部の120mm程度の高さに木ねじで取り付ける．最後に、梁中央側部に浅くナイフで切り込みを入れ、そこに糸をはめてから下げ振りを垂らし、他端の絹糸を梁中央上部のボルトに巻き付け、ナットで締める．ここで、想定された構造条件を図3.4に示す．なお、おもり容器の周壁には上部4か所に孔を開けて、2か所ずつに2本のたこ糸を通して、均等につり下げられるように用意しておく．

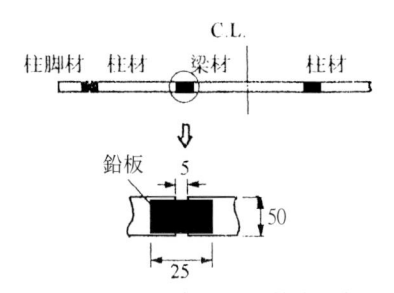

図3.3 鉛板による接合要領

＜実験方法＞
①下げ振りの鉛直線が指し示す物差しの目盛りを読む（その後の水平載荷による目盛りとの差が水平変位）．
②たこ糸を滑車上面に渡したうえで、先端に平ワッシャを結んで、それを梁中央のボルトにはめる．次いで、たこ糸の他端にS字フックを結び、このフックにおもり容器をつるしたたこ糸をかける（フックにおもり容器をつるした分の重量はあらかじめ測定しておく）．下げ振り位置の目盛り変化を読み、第1回目の測定値とする．
③中おもりナット8個をピンセットで1個ずつつまんでおもり容器に載せ、そのつど、目盛りを読む．
④次いで、小おもりナットを1個ずつピンセットでつまんでおもり容器に載せ、そのつど、目盛りを読み、水平移動が止まらなくなる（不安定になる）まで続ける．

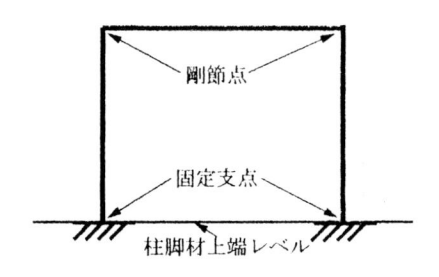

図3.4 骨組の載荷前に想定された構造状態

＜考えるポイント＞
　水平荷重と水平変位との関係を図3.5に示す．本例では中おもり7個（約0.045N／個）まで載せたあたりまでは、図3.6に示すように、柱、梁部材の曲げ変形を生じながら安定状態が保たれ、荷重と変位との間にほぼ比例関係が成立する．また、このとき節点での剛接性（接合角度が不変）はほぼ保持されている．しかし、その後、小おもり（約0.021N／個）を増していくにつれて、図3.7に示すように、部材の曲げ変形がほぼ保持された状態で柱頭、柱脚部の接合角度が変化して（節点がヒンジ化して）、ついには水平移動が止まらなくなり、構造状態が図3.4の安定状態から図3.8のような不安定状態となる．ただし、このように節点と支点がヒンジ化しても終局的な水平荷重がほぼ一定に保持される（図3.5参照）．一方、除荷してもこれらの変化した接

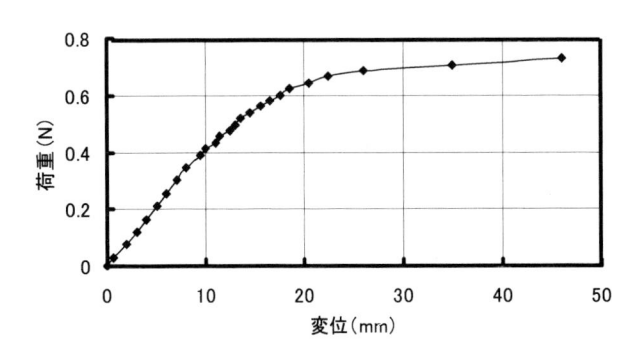

図3.5 水平荷重と水平変位との関係

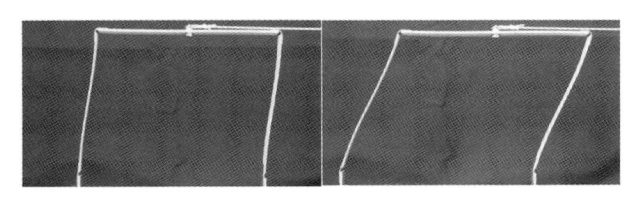

図3.6 安定状態　　　　図3.7 不安定状態
　　（弾性変形）　　　　　（弾塑性変形／メカニズム）

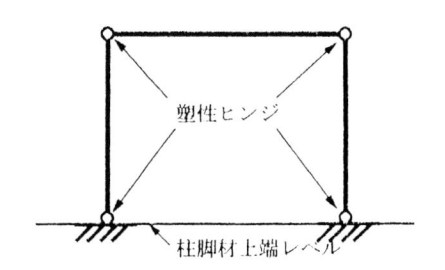

図3.8 骨組の終局的な不安定状態

合角度は回復しないので、これらヒンジはとくに塑性ヒンジと呼ばれる．また、完全な除荷後には材の曲げ変形は残留せず、各材は元の直線材となる．このように、骨組に塑性ヒンジがいくつか生じることによって、それ以上の荷重増大に対しては不安定となる状態をメカニズムという．

【実験3.2】さらに門形骨組の不安定モードを考えよう
<目的>
　実験3.1では1層のラーメン骨組が水平荷重の増大により剛節点と支点がヒンジ化して不安定状態となる例が示された．実際、鉄骨造や鉄筋コンクリート構造のラーメン骨組では荷重の増大により部材が節点付近で大きな曲げを受け、終局的には部材端に塑性ヒンジが形成されて不安定状態になる．ここでは骨組が終局的に不安定となる状態だけに着目し、不安定モードのバリエーションを考えてみよう．
（1）　1層の門形骨組の頂部を水平に押す．
（2）　（1）の門形骨組に斜材を入れて頂部を水平に押す．
（3）　2層の門形骨組の頂部を水平に押す．
（4）　2層の門形骨組の2層に斜材を入れて頂部を水平に押す．

<実験方法>
　固定材用としてのアングル材2つを支持板の中央部において、実験3.1の場合とは直角な向きに中心間距離を梁材の節点間距離（150mm）に合わせて木ねじで固定する．試験体（図3.9参照）を下記の順に、鍋小ねじで部材を接合して製作する．1つ試験体を製作するごとに、そのつど、1層の2本の柱の

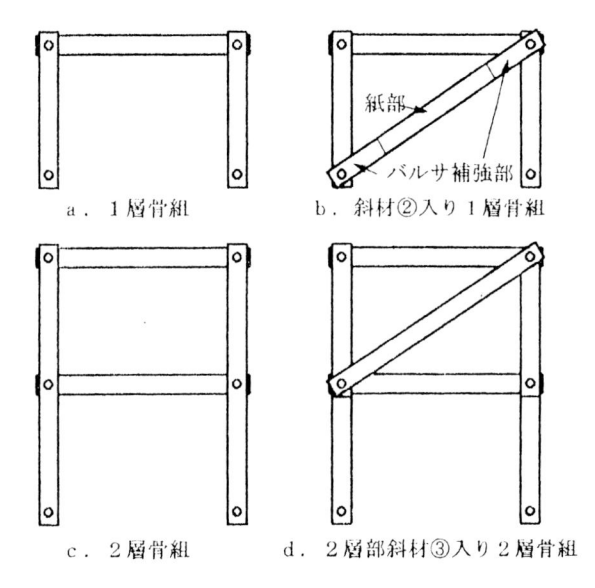

a．1層骨組　　　　b．斜材②入り1層骨組
c．2層骨組　　　　d．2層部斜材③入り2層骨組

図3.9　骨組構成図

用意するもの

- 梁材：桧工作材、3mm×15mm×170（150）mm、5本
- 柱材①：桧工作材、3mm×15mm×120（100）mm、6本
- 柱材②：桧工作材、3mm×15mm×220（200）mm、2本
- 斜材①：1mm厚バルサ製、15mm×200（180）mm、1本
- 斜材②：紙製（プリンター、コピー用普通紙、15mm×200（180）mm、1本
    両端から50mm区間には斜材①と同じバルサ材を両面に接着して補強する
- 斜材③：桧工作材、3mm×15mm×200（180）mm、1本
- 鍋小ねじ：3mm×15mm、16本（各ナット付き）
- 支持板：実験3で用いたものと同じ合板を利用
- 固定材：実験3で用いた鉄製アングル材を利用、2個
- 木ねじ：実験3で用いたもの、4本

　いずれの部材も、材端から10mmの位置に接合用の孔として径3.2mmの孔を開けておく．また、柱材②については中央にも同じ孔を開けておく．（　）内は孔間の寸法を示す．ただし、斜材については孔を開ける前に両端20mmの区間にあらかじめセロテープを2重巻きにして補強しておく

脚部を固定材の上部孔に鍋小ねじで固定し、最上部の梁端部を指で水平方向に押してみる（図3.10〜3.15参照）．なお、鍋小ねじは、いずれも、手で締め付ける程度にし、あまり強く締め過ぎないようにする．

- 1層門形骨組：柱材①＋梁材＋柱材①
- 斜材①入り1層門形骨組：1層骨組＋斜材①
- 斜材②入り1層門形骨材：1層骨組＋斜材②
- 2層門形骨組：柱材②＋梁材＋柱材②＋梁材
- 2層部斜材③入り2層門形骨組：
  柱材①＋柱材①＋梁材＋柱材①＋柱材①＋梁材＋斜材③

＜考えるポイント＞
①1層門形骨組の場合、指先で水平方向に少し強く押すと、支点、節点におけるナットの締付けによる部材の回転拘束がゆるみ、水平方向に動き出す（図3.10）．この状況は、前出の図3.8に示すものと同じである．【実験3.1】との違いは部材の曲げ剛性が格段に高いために曲げ変形をほとんど生じないで不安定状態にいたったということと、そのときまで耐えていた水平耐力もほとんど喪失するということである．すなわち、支点、節点はまさしくヒンジとなり、塑性ヒンジではないということである．
②1層門形骨組に対して、押したときに対角線が長くなる向きに斜材①を入れると、指で押したくらいではびくともしないくらいに強くなる（図3.11）．他方、斜材①が短くなる方向に逆向きに少し強く押すと、斜材がもっとも曲がりやすい方向の面外に座屈して圧縮抵抗を失い、急に水平に動き出す（図3.12）．すなわち、斜材がない場合と実質的に同じ不安定状態にいたる．さらに、斜材①に代えて斜材②を対角線が長くなる方向に入れて水平にかなり強く押すと、斜材中央部の補強していない紙だけのところで引きちぎられ、途端に動き出す（図3.13）．すなわち、斜材がない場合とまったく同じ不安定状態にいたる．

以上より、門形骨組の水平変形を抑える（水平剛性を高める）のに、また、水平耐力を高めるのに斜材を入れることが有効であることがわかる．この斜材はいわゆる筋かいであり、その効果は斜材を入れることにより三角形が構成されたことによるもので、【実験2.2】で確認したものである．ただし、その筋かいは適当に引張りや圧縮（座屈）に強いものでなければならない．斜材①のように引張りと圧

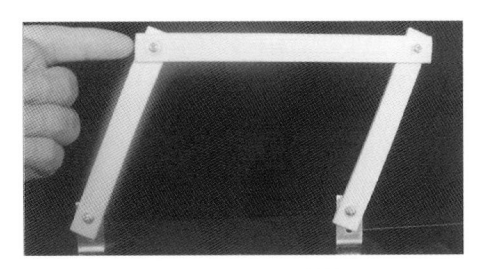

図3.10　1層門形骨組

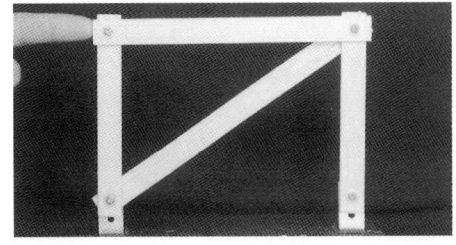

図3.11　斜材①入り1層門形骨組（引張り筋かい）

図3.12　斜材①入り1層門形骨組（圧縮筋かい）

図3.13　斜材②入り1層門形骨組の引張り筋かいの破断

縮に対する抵抗が極端に異なる場合には両対角線に（X字に）入れるのがよい．さらに、筋かいに破断や座屈が生じると急激に耐力が低下して不安定状態にいたることにも注意したい．

なお、図3.14のように、斜材の代わりに門形の枠全面を塞ぐように紙を貼り付けると、斜材以上に水平耐力が高められる．この紙は耐震壁の効果を表しており、無論、紙が厚ければ抵抗は大きくなる．実際、半紙程度の厚さの紙でも、同図のように、水平力は押さずに移動する側から引っ張るように加えないと面外に変形して破壊させることができないくらいである．また、下部の支持点をつなぐ梁材も加えられ、それにも紙を貼り付けているが、この方が紙がゆがみにくく、抵抗が大きくなる．ただし、図3.10～3.13の場合には、このような梁材を加えても両端の柱材との互いの回転が抑えられない限り、水平抵抗には影響しない．

③2層の門形骨組では、頂部を水平に強く押すと1層の柱脚部の回転および柱に対する梁の回転が生じて不安定な状態にいたる（図3.15）．これは1、2層の柱の接合がしっかりしたものになっている（この例では一体の柱になっている）場合であり、このように1、2層がともに平行四辺形状にずれて、すなわち、骨組全体がせん断変形して崩壊するモードは梁崩壊形あるいは全体崩壊形と呼ばれる．

他方、1、2層の柱を別々の材にして接合した2層の門形骨組の2層に斜材③を入れて頂部を水平に少し強く押すと、1層の柱の上下部での回転が先に生じて1層のみがせん断変形して不安定状態にいたる（図3.16）．この場合は層崩壊形と呼ばれ、全体崩壊形に比べてエネルギー消費が1層のみに集中することから、一般には避けるべき崩壊モードとされている．なお、この例では斜材③が梁、柱材と同じ断面であり、座屈も破断もしにくい剛強なものになっているので、水平に押す力を逆向きに（図3.16とは逆に左向きに）しても同じ層崩壊モードになる．また、図3.15のように1、2層の柱を一体にした門形骨組の2層に斜材③を入れた場合には、相当大きな水平力まで耐えられるであろうが、恐らく1層の柱の上下部のいずれかで折れ曲がるか、斜材あるいは1層の柱が面外に座屈して壊れるであろう．いずれにしても、崩壊モードは脆性的になり望ましいものとはいえない．

図3.14　紙の面材入り1層門形骨組の破壊

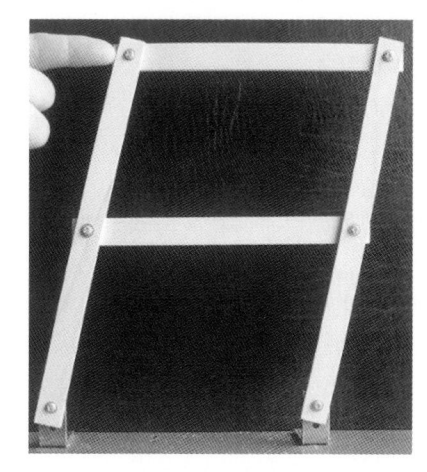

図3.15　2層門形骨組の全体崩壊（梁崩壊）モード

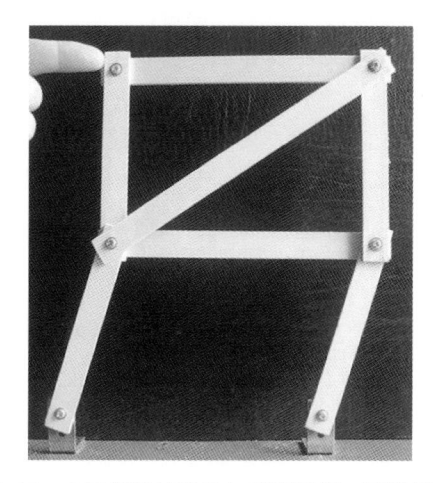

図3.16　2層部斜材③入り門形骨組の層崩壊モード

STEP 4　震害例との対応

兵庫県南部地震／1995年（阪神・淡路大震災）では多くの建物が壊滅的な被害を受けた．ここではSTEP3までの実験で考察した骨組構造の不安定要因と被害建物との対応をみてみよう．図4.1は、木造住宅が門形骨組の元は直角であった接合角度を保持できずに横ずれの変形をして隣の建物にもたれかかってしまったようすを示している．また、図4.2は鉄骨造骨組の1、2階部で大きく傾斜する残留変形を示しており、門形の部材を構成する節点は実質的にはヒンジになったと思われるが、塑性ヒンジを生じているかどうかは定かではない．図4.3では、こうした門形骨組の安定に寄与する筋かいがその役目を果たしきれずに破断してしまったようすを示している．実際、筋かいが破断するのは中間部ではなく、この例のように、接合用のボルト孔があけられて断面が欠損しがちの接合部になることが多いので注意したい．さらに、図4.4は木造2階建て住宅において、より開口部が多く、筋かいの量も不十分であったと思われる1階で大きく傾斜する層崩壊のようすを示している．

図4.1　木造骨組の傾斜

図4.2　鉄骨造骨組の傾斜

図4.3　鉄骨筋かいの破断

図4.4　2階建て木造住宅の1階の崩壊

さらに勉強するために参考になる本

1) 日本建築学会：ちからとかたち，1998年9月
2) 日本建築学会：構造用教材，1995年2月
3) 日本建築学会：構造パースペクティブ，1994年8月
4) 望月　重：ビルはなぜ建っているかなぜ壊れるか　現代人のための建築構造入門，文芸春秋，2003年8月
5) 田中輝彦：重力の達人　橋，トンネル，くらしと土木技術，岩波ジュニア新書，岩波書店，1998年8月
6) マッシス・レヴィ，マリオ・サルバドリー：ゲームで学ぶ地震のふしぎ，建築技術，1998年4月
7) マッシス・レヴィ，マリオ・サルバドリー：建物が壊れる理由（わけ）　構造の崩壊─その真相にせまる，建築技術，1995年3月
8) マリオ・サルバドリー著／望月　重訳：建物はどうして建っているか　構造─重力とのたたかい，鹿島出版会，1980年10月
9) 田口武一：建物とストレスの話，井上書院，1985年10月
10) J.E. ゴードン：構造の世界　なぜ物体は崩れ落ちないでいられるか，丸善，1991年10月
11) ロム・インターナショナル：この建築物が「凄い！」といわれる理由　外観，装飾，構造の知的な見方・楽しみ方，KAWADE夢新書，河出書房新社，2002年9月
12) 藤本盛久：構造物の技術史　構造物の資料集成・事典，市ケ谷出版社，2001年10月
13) 大成建設建築構造わかる会：建築構造のわかる本，彰国社，1993年6月
14) 川口　衞ほか：建築構造のしくみ　力の流れとかたち，建築の絵本，彰国社，1990年2月
15) S.P. Timoshenko & J.N. Goodier／金多　潔監訳，荒川宗夫・坂口　昇・森　哲郎訳：弾性論，コロナ社
16) M. サルバドリー，R. ヘラー共著／望月　重訳：建築の構造，鹿島出版会，1968年（第1刷発行）
17) 播繁：フォース橋，モダン・ストラクチュアの冒険，建築文化，Vol.52，No.603，pp.54-55，1997年1月
18) 建築構造システム研究会：図説テキスト建築構造　構造システムを理解する，彰国社，1997年12月
19) 日本建築構造技術者協会：図説建築構造のなりたち，彰国社，1998年12月
20) 安震技術研究会：地震に強い建物，図解雑学─絵と文章でわかりやすい！─，ナツメ社，2003年7月
21) 大成建設技術開発部：建築・土木のしくみ，入門ビジュアルテクノロジー，日本実業出版社，1993年3月
22) 建築画報社：別冊建築画報　魅せる力学（Visual Architectureシリーズ），2002年2月
23) ニール・スティーブンスン著／鈴木博之監訳　世界名建築の謎，ゆまに書房，2002年3月

| 構造入門教材 |
| はじめてまなぶ |
| **ちからとかたち** |

2003年10月30日　第1版第1刷
2022年2月1日　第1版第8刷

編集著作人　一般社団法人　日本建築学会
印　刷　所　株式会社　東　京　印　刷
発　行　所　一般社団法人　日本建築学会
　　　　　　108-8414 東京都港区芝 5-26-20
　　　　　　電　話・(03) 3456 － 2051
　　　　　　FAX・(03) 3456 － 2058
　　　　　　http://www.aij.or.jp/

発 売 所　丸 善 出 版 株 式 会 社
　　　　　101-0051 東京都千代田区神田神保町 2-17
　　　　　神田神保町ビル
　　　　　電　話・(03) 3512 － 3256

©　日本建築学会　2003

ISBN978-4-8189-2210-5 C3052